名著復刻

形成的な評価のために

梶田叡一　著

明治図書

本書は、一九八六年に明治図書教育新書として刊行された『形成的な評価のために』を復刻刊行したものです。記述内容については、刊行当時のままとなっておりますことをあらかじめご了承ください。

ＰＤＣＡサイクルの意義の再確認を

教育活動を計画的かつ着実な形でやっていくためには、Ｐ（計画）・Ｄ（実施）・Ｃ（評価）・Ａ（補充／深化）といったサイクルをきちんと踏む形で取り組まなければならない。こうしたＰＤＣＡサイクルは、また、Ｏ（目標）に向けての意識抜きでは機能しない。つまり、これこれの教育目標（Ｏ）を実現することを目指して、このような計画（Ｐ）を立て、こう実践（Ｄ）し、その目標（Ｏ）がどう実現してきているのかを評価（Ｃ）して、その結果を補充や深化といった次の段階の取り組み（Ａ）に生かしていく、ということでなくては、計画的かつ着実な教育活動にはならないのである。

最近こうした考え方が、中央教育審議会の報告等をはじめ各種の公的文書にしばしば現れるが、このことはまさに、一九八六年に本書で述べた「形成的な評価」の考え方そのものと言ってよいであろう。

しかしながら、日本の教育界には、こうしたＰＤＣＡサイクルとか形成的な評価といった発想で教育活動に取り組むということが、必ずしも十分に浸透しているわけではない。目標を明確化し、その実現状況をきちんと評価しながら必要な手を打っていく、といった合理主義的な発想は、日本の教育界になかなかなじまない面があるのだ。

日本の教育界には、一種の精神主義が伝統的に存在している。教師の側にも学習者の側にも、その時その場を「一所懸命」やっていくことが無条件に求められている。「純粋な」精神的態度が重視されるのである。したがって、今ここで取り組んでいくことによって結局何が実現すればよいのか、という目標がはっきりせず、それがどの程度実現しているのかも意識しないまま、その場その場で全力投球することばかりが求められることになる。これでは、長い年月にわたってきちんとした教育成果を積み上げていくことは困難、と言わざるを得ない。

もう一つ、日本の教育界には、見かけ上の好ましさのみを追究する、印象主義とでも言うべき悪弊が伝統的に存在している。例えば「ゆとり教育」の時期には、文部省の教科調査官も大学に籍を置く教育学者も、「子どもたちの目がキラキラ」とか「教室の皆がイキイキ」といった言葉で教育を語っていた。我々は、「目がキラキラしていても、それでちゃんとわかってるの？」「皆がイキイキとしていても、それでちゃんとできるようになってるの？」と批判してきたものである。また、「教師が何も教えないで、子どもたちが自分たちだけで授業を作っていくのが最高の授業のあり方」であると説く人気教育学者がいて、それを無批判的に信じた少なからぬ教師が、実際の「子どもが作る授業」を見に、「実践有名校」詣でをする、といった時期もあった。私自身も何度かそうした学校を見に行ったが、「仕組まれた劇」としての授業パフォーマンスを見せられただけで、その学校の子どもたちに着実に学力が形成されているとはお世辞にも言えない、という感想をもっている。こうした印象主義も、ＰＤＣＡサイクルとか形成的な評価といった発想とは対照的な地点にあるものと言っていい。

それだけではない。目標をはっきりさせて、ＰＤＣＡサイクルで取り組まないと、いつの間にかマンネリに陥ってしまうことにもなる。決められたことを決められたようにこなしていくだけで満足してしまうことになってしまうのである。学校の教師の場合で言うなら、朝何時に学校に行って夕方何時まで勤務し、年間の授業時数をきちんとこなし、教科書をきちんと終わりまで上げる、といったことだけでもう十分という感じになってしまうのである。しかし、具体的な「願い」も「ねらい」もないまま、それを実現するための意図的計画的な取り組みの姿勢も欠いたまま、さらには学習者の実際の学びや育ちの成果に何のこだわりももたないまま、ということでは、まさに無責任なマンネリ教育と言うしかないであろう。

「一所懸命であればよしとする精神主義」にも、「見た目だけの印象主義」にも、さらには「無責任なマンネリ」にも陥らないようにするためには、本書で述べているような評価意識を常にもつことが不可欠となるであろう。つまり、「教育の成果」へのこだわりである。一定の目標意識と、それを実現するための計画性と、そして目標の実現状況を適時適切にとらえて次のステップに生かしていく姿勢である。私自身、一九八六年の時点で本書に述べたところを再読しながら、現時点においてもなお、教師の方々をはじめ、教育に関心をもつすべての人に、「成果に責任をもつ教育のあり方」について再認識、再確認していただきたい、と強く思ったところである。

本書の復刻が、日本の教育界にとって、こうした本来の着実な教育を実現していくうえで新たな刺激となってくれれば、と心から祈っている。

なお、形成的評価の考え方を中心としたベンジャミン・ブルームの理論が、日本の教育研究の中でどのように受け止められ、現実の授業実践の中でどう生かされてきたかについては、私の最近のレビュー「ブルーム理論の日本における実践化」（拙著『人間教育のために』金子書房、二〇一六、一四一〜一六九頁）がある。ご参照いただければ幸いである。

二〇一六年九月

梶田　叡一

もくじ

1章 教育評価を考え直す

1

1　新しい評価研究への転換

　教育現場での評価研究は、大きく変わった。各地で盛んに取り組まれるようになっただけでなく、研究の内容や手法も、以前とはまったく違ったものになっている。

　長い間、評価の研究は、教材研究や指導法の研究が一段落したときに、一つのしめくくりとしておこなわれるもの、といった程度に考えられていた。あるいは、教材や指導法などを含む総合的な研究がおこなわれるときには、その中のあまり本質的ではない、いわば付加的な部分として位置づけられがちであった。

　いずれにせよ、従来の評価研究は、教育実践にかかわる研究の総体の中で、本流的な位置を占めることはなかった。

　言いかえるなら、以前の評価研究は、教育そのもののありかたに迫る、といった鋭さを持つものではなかったのである。各教科の学力をどういうやりかたで数字にしたらよいか、そしてそれを学業成績として表示するため、通信簿の様式や記入法をどうすればよいのか、といった類のものがほとんどであった。そうでないとすると、知能検査や標準学力検査等々を実施して膨大なデータ表を作り、いろいろと統計処理をしてみる、というものであった。結局のところ、成績づけのしかたの研究か、児童・生徒のさまざまな側面についての測定か、でしかなかったのである。

現在の先進的な評価研究では、評価という視点から教育を見直す、という基本的な前提に立って研究がなされている。つまり、子どもの学習状況をモニターしチェックし確認してみるという評価的基盤のうえに立って、教材研究も指導法の研究も、さらには実際の教育活動のありかたも吟味してみよう、というのが現在の評価研究である。したがって、評価の手法や手続きをそれだけ取り出して研究したり、各種の資料を大量に集めて整理するだけのものは、現在ではもはや評価研究と言い難いのである。

だから、評価研究として取り組まれていることの内容自体、従来のものとは大きく異なっている。多くの場合、教材や題材ごとに目標分析がなされており、評価ポイントとその結果への対応策を組み込んだ指導計画が作成されている。成績づけにしても、相対評価か絶対評価かということではなく、成績評価の結果を基にクラス全体に対してどのような補充・深化学習をおこなうか、また個別ガイダンスをどのようにおこなうか、ということが工夫されている。さらには、評価結果に基づいて教材や指導のありかたをどのように見直し、より有効適切な指導計画の作成を可能にしていくか、という点について検討がなされている。このように、今では、教育のありかたや活動過程とは無関係に子どもの学力を測定したり、成績づけの手法を問題にしたり、ということではないのである。

2　形成的評価の理念と志向

このような転換の背景となっていたのは、形成的評価の理論である。といっても、新しい評価研究のすべてが形成的評価を旗印にしてきたわけではない。形成的評価など意識もしたことがなかった、という評価研究の方が、あるいは多いかもしれない。しかしながら、たとえそうだったとしても、形成的評価の理念ないし志向が、新しい評価研究の底に、脈々と流れ続けてきたということは、否定のできない事実ではないだろうか。

形成的評価とは、言うまでもなく、総括的評価に対しての概念である。これは、これまでにも何度か詳しく論じてきたように、結局のところ、「あらゆる評価を形成的な働きをするものに！」という考えかたに帰着すると言ってよい。つまり、まとめの評価、行き止まりの評価ではなく、そこからまた何かが始まっていくような評価、指導や学習の当面する課題や方向性等を指し示すような評価が、ここでは志向されている。別のことばで言うならば、教師の側でもっているねがいやねらいの実現を目指す活動の中で、子どもがほんとうに変わっていきつつあるのかどうかを見てとり、それを手がかりとして、ねがいやねらいがよりいっそううまく実現していくための手だてを講じていく、というのが形成的評価である。

そうすると、先に述べた「評価という視点から教育を見直す」ということは、そのまま形成的評価の理念である、ということにもなる。逆に言えば、従来の評価が総括的評価の性格をもつものでしかなかったために、評価研究をいくら積み重ねてみても、教育そのものの改善につながっていかなかったのである。単なるまとめの評価であるなら、教育という営みの中核に位置づくことはありえないのである。教育の本質に迫っていくような評価研究は、意識するかどうかは別にして、結局のところ、形成的評価の理念と一致するものと言ってよいであろう。

3　行きすぎた評価実践例

もちろん、現実には、いろいろな行きすぎも見られないわけではない。よく目にするのは、一時限の授業を、やれ小テストだ、やれ自己評価票だ、やれ観察項目だ、と評価だらけにしてしまう、というものである。これでは十分な指導をすることもできないし、また落ち着いてじっくりと学習することもできない。指導や学習がおろそかにされて、評価ばかりがクローズアップされているのである。これは言うまでもなく、本末転倒である。

こういった実践は、指導の過程の中に評価を位置づける、という形成的評価の理念を、それこそことばどおりに、しかしその本質をいささかも理解することなく受けとってしまったものであろう。指導の中に、と言っても、必ずしも一時間の授業の中にというだけでなく、単元の活動の中に、そして学期や学年を通した指導計画の中に、ということである。それに、指導や学習の活動の中に組み込まれ、それを支えるものでなくてはならないのであって、指導や学習の邪魔になるようでは困る。だからこそ、一時間の授業の指導案の中ではなく、単元の指導計画の中に評価を位置づけていく、ということがすすめられてきたのである。

これと関連する例として、一時限の授業について二〇も三〇も下位行動目標を設定し、それをきちんと組み立てていくことによって教育活動の流れを計画し、それをできるだけ忠実になぞっていくなかで下位行動目標一つずつの達成状況をチェックし、必要な対応をおこなっていく、というものもまだ見られないわけではない。これは古いタイプのプログラム学習の発想そのままである。

こういった授業設計の手法においては、下位行動目標を相互に関連づけ、構造化したものを形成関係図と呼ぶ場合が多いが、この名称のためであろうか、評価活動を組み込みながら形成関係図をたどっていくことこそが形成的評価である、といった誤解も一部に見られる。しかしあらためて言うまでもなく、これは形成的評価とまったく無縁のものである。しかも、こういった行きかたでは知識・理解と技能しか問題にされないだけでなく、のびやかな指導、みずみずしい学習、臨機応変にダイナミックな展開をする活動、など望むべくもない。形成的評価本来の理念や志向から言って、このような行きかたはまさに論外と言うべきであろう。

4　実践的な評価研究の手順とポイント

それでは、形成的評価の実践研究は、どのように進めていくのが望ましいのであろうか。本来の理念や志向を生かすような取り組みは、どのような手順で進めていけばよいのであろうか。筆者の提唱している手続きを、そして各地の小・中学校で現実に大きな効果を挙げているやりかたを、ここでごく簡単に紹介しておくことにしたい。

(1)　単元（教材・題材）ごとの目標分析と指導計画の作成をまずおこない、次いでその枠の中で一時間ごとの授業の展開を工夫し、そして通信簿、指導要録をにらんで学期目標、学年目標の明確化、達成不十分な場合の学期末、学年末のガイダンスと補充指導の立案をする、といった順序で取り組む。

(2)　単元ごとの目標分析と指導計画の作成は、①単元目標分析表　②単元目標構造図　③指導順路案　④単元指導計画の順で作成する。

(3)　単元目標分析表は、縦軸に小単元ごとの区切りをとり、横軸に各教科の主要観点（指導要録の観点別学習状況の評価欄に用いられているものでよい。「知識・理解」「技能」

「考え方・思考力」「関心・態度など」）をとったマトリックスの形にする。それぞれの枡目ごとにどのような目標が該当するか、吟味していくわけである。

(4) 分析表で洗い出された目標群を、単元目標構造図を作成することを通じて、精選し構造化する。このため、まずその単元の本質的な意義を担う目標を二～三箇選び出して「中核目標」とし、それを支える目標群を二段階ないし三段階に相互関連的に整理して「基礎目標」とする。そして、それらを踏まえて発展、展開していきたい目標を一～二箇想定して「発展目標」とし、基礎目標、中核目標を追っていくうえで不可欠の土台となる既修事項や前提能力・特性等を最小限のものに絞って想定し、「前提目標」とする。

(5) 構造図を土台として、指導順路案という形で、各時限への目標の割り振りをする。この場合、大事な目標は異なった文脈の中で何度か扱われることになる。また、目標を追求していく順序も必ずしも下位から上位へということでなく、上位から下位へとか、中位から下位へ、そして上位へとか、さまざまのルートが想定されることになる。

(6) 指導順路案を肉づけする形で単元指導計画が作成されるわけであるが、その際、単元全体の流れを、成長保障と学力保障の両局面が十分に組み込まれるよう分節化する。このため、たとえば成長保障のためには、ゆさぶりや子どもの側からの追求といった要素が、

図1　単元目標構造図と指導順路案

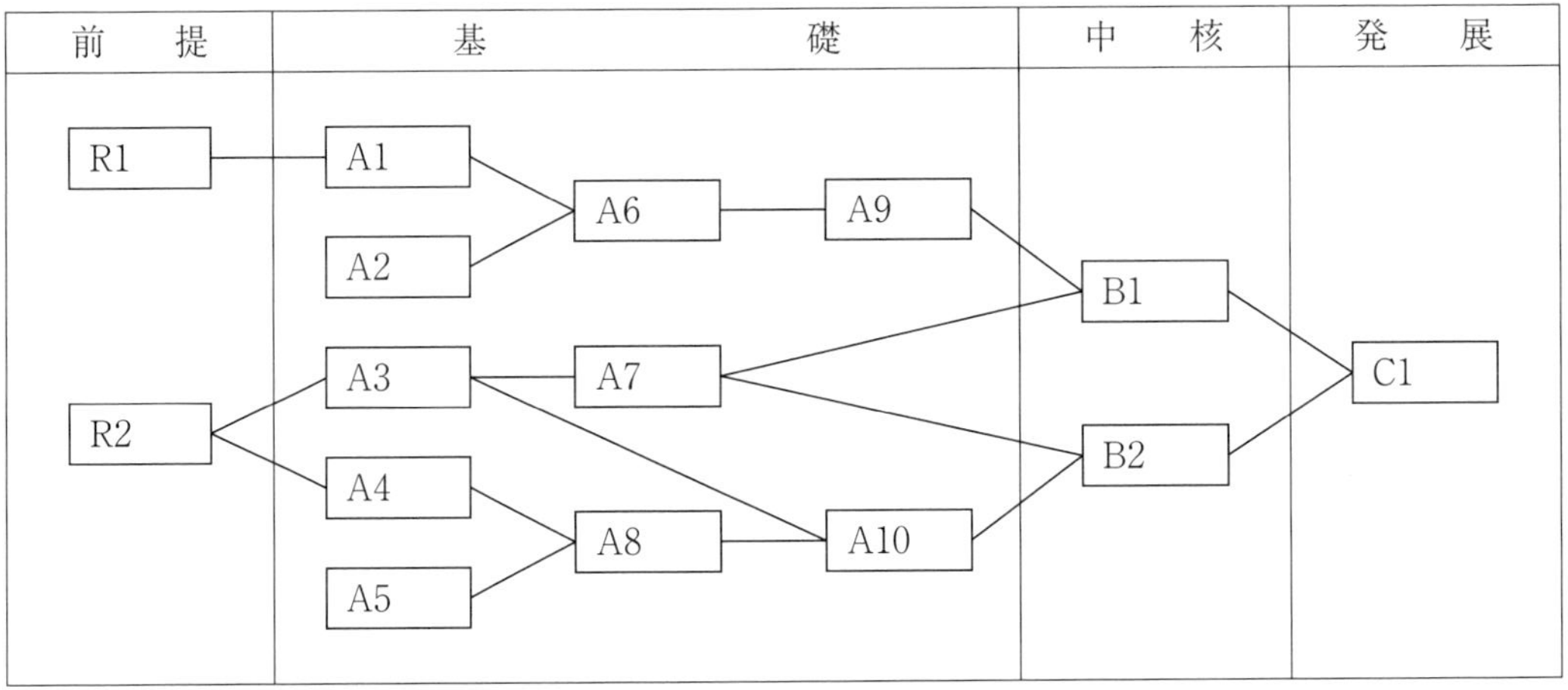

〔指導順路〕〈1次〉 R1 → A1 → A6 → A9
〈2次〉 A2 → A6 → A9 → B1
〈3次〉 A3 → R2 → A4 → A8
⋮
〈9次〉 評 → 補
〈10次〉 補 → C･1

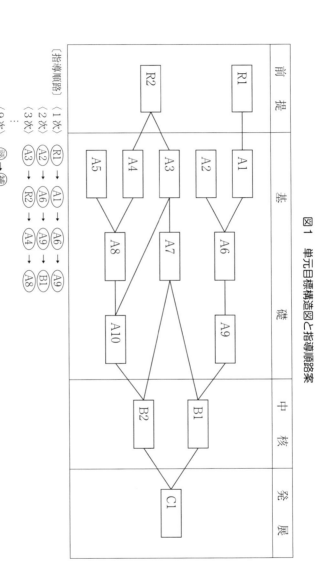

また学力保障のためにはまとめと共有化、ドリルと定着化、等々の要素が、指導計画の中に組み込まれなくてはならないであろう。さらに、こういった成長保障と学力保障のための手だてが所期の成果を挙げつつあるかどうかを確認し、必要な補充指導や深化指導につなげていくため、単元の中で一〜三回程度、評価ポイントが設定されなくてはならない。

(7) 通信簿の工夫については、様式や記入法の問題もたいせつであるが、それ以上に成績づけを一つの機会としたガイダンスのしかた、本人や父母に成績を前向きに受け止めてもらうための手だて等をこそ考えなくてはならない。つまり、通信簿のいわばハード・ウェアの面よりも、ソフト・ウェアの面、活用のしかたの面のほうに工夫の重点を置く。

こういった行きかたは、今ではもう単なる机上プランではなく、さまざまな学校や地域で実践されている。それぞれのところで作成された単元の目標分析表、構造図、指導順路案、単元指導計画、の実際を検討してみるだけでも、大きな示唆を得られるのではないだろうか。

5 「開・示・悟・入」からの再検討

さて、最近われわれは、「開・示・悟・入」という学習段階を基本的な枠組みとして、教育のあり方を問い直してみよう、ということを試みている。端的に言えば、現在の教育のあり方を見てみると、どうしても「示」ばかりが目につき、その前提とも基盤ともなるべき「開」がほとんど見られないだけでなく、学んだことを真に具体化、生活化する「悟」とか「入」といった面が非常に弱いのではないか、という問題意識に他ならない。各地での評価研究は、この観点からするとどうなのであろうか。はたして、「示」ばかりを一属強化し、「開」や「悟」や「入」をこれまで以上に切り捨てる、ということにつながっている面はないであろうか。

たとえば、具体的に毎日の授業はどうであろう。目標分析にしても、授業設計にしても、評価活動の組み込みにしても、それによってはたして授業がそういった意味での望ましい姿を示す方向に変わっていっているのであろうか。試みに、次のような諸点について吟味してみていただければ、ここで筆者の言わんとしている意味が、いっそうはっきりするで

表1　開・示・悟・入と主要な教育目標

		教育目標			
		知	情	意	技
開	・障りを取り除く。 ・心を耕す。 ・目を開かせる。	・自分なりにそのことに気づく。 ・関連の経験を動員する。 ・関連した実感体験を持つ。	・自分なりにそのことを感じる。 ・関連した実感体験を持つ。	・そのことに注意が向く。 ・効力感を持つ。 ・関連した実感、体験を持つ。	・そのことに注意が向く。 ・モデルのイメージを持つ。 ・関連の経験を動員する。
示	・ポイントをわからせる。 ・できるようにさせる。	・意味や意義がわかる。 ・用語や概念が使える。	・良さや味わいがわかる。	・意味や意義を感じる。 ・意味や意義のある方向で行動する。	・モデル通りに一応できるようになる。
悟	・納得するところまでもっていく。 ・身につくところまでもっていく。	・納得する。 ・自分の身についたものとなる。	・自分なりに良さや味わいを深める。 ・自分のセンスを行動に生かす。	・自分なりの意味づけ、価値づけができる。 ・意味や価値の方向に自己統制ができる。	・モデルなしで自分なりにできるようになる。
入	・生活の一部となるまで指導する。 ・人柄の一部となるまで指導する。	・自分の人生観、世界観を構成する一部となる。	・良さや味わいの深いもので日常生活を構成する。	・自分なりの意味感を持って日常的にさまざまなことをやる。	・行動や生活の一部となる。

表2　開・示・悟・入と指導方法・活動例

	指導方法例	活動例
開	・モデルとなるものを見せる ・関連の経験を出させる ・ゆさぶりをかける ・自分で取り組んでみさせる ・関連する体験（疑似体験）を持たせる	・コンセプトフィルムの使用 ・ビデオ、映画の使用 ・実地調査、見学 ・教材の１人しらべ
示	・説明する ・指摘する ・指示通り活動させる ・練習させる	・十分にプログラム化された教師主導型の授業
悟	・自分なりにまとめさせる ・自分なりにやらせる ・他の学習者に教えさせてみる	・レポート、作品の提出 ・自分の考えをまとめて発表 ・教え合う小集団学習
入	・生活の中で生かす工夫をさせる ・自分なりの目標を立てさせ追求させる	・自分の課題を選び、半年や１年かけて調べ、まとめる ・努力目標を立てさせ、生活の中で守らせる

あろう。これは「示」だけの教育にならないためのバランスのとれた授業づくりのポイントとして、またこの面からする授業の反省ないし評価の主要観点として、いくつかの研究実践校で提示してみている試案である。

(1)　当面する教材や題材について、一人ひとりの子どもが豊かなイメージを繰り広げ、自分なりの実感と結びつけることによって意欲的主体的に学習していこうという気持ちを持つところまで十分に、各

単元の学習課題の持つ世界を開いてやる工夫をおこなっているか。〔開〕

(2)　一人ひとりの子どもが自分なりにその単元（当面する教材や題材）の中核的な目標について理解し、それとの関連で各時限の学習のねらいを自分なりに設定する、といった形で学習の目標を持つよう、十分な手だてを講じているか。〔開〕

(3)　先行学習でのつまずきや、先行学習で形成された偏った構え、見方等を的確に診断し、それが当面の学習の障害にならぬよう十分な手だてを講じているか。〔開〕〔示〕

(4)　当面の学習の基礎となる体験や実感を十分に持たせるための手だてを、あるいは、一人ひとりの生活や個人史の中から関連の体験や経験を掘り起こし、共有の学習基盤としていくための手だてを、十分に工夫しているか。〔開〕〔悟〕

(5)　子どもが暗黙のうちに持っている固定観念や既成概念、また不活性のままになっている興味や関心等を的確にとらえ、それらに対して鋭くゆさぶりをかけて流動化し活性化していくための手だてを、十分に工夫しているか。〔開〕〔悟〕

(6)　子どもが自分なりに工夫し、追求し、困惑し、そして何とか自分なりにまとめ上げる、といった場を、単元の活動の流れのどこかにきちんと位置づけ、それが有効適切なものとなるための指導の手だてを十分に準備しているか。〔悟〕〔入〕

(7)　子どもなりの考えの進め方、学習のすじ道を的確に予想し、その過程で子どもが陥りがちな誤った見方、考え方をも十分に幅広く想定した上で、指導の手順、子どもにおこなわせるべき活動の順序、を計画しているか。〔示〕〔悟〕

(8)　その単元で特に重要な知識的理解的事項について、子どもの側に立ったまとめを構造的におこない、ポイントとなる点については繰り返し念を押し、一人ひとりに定着するようにしているか。〔示〕〔悟〕

(9)　やればやっただけのことがある、と子どもが効力感を持つよう、課題の出し方、言葉かけの仕方、小テスト内容や回数、等々に工夫をこらしているか。〔悟〕〔入〕

(10)　自分の現状では何が大丈夫で何は不十分か、今まで通りやっていてよいか何かやり方や心構えを変えなくてはならないか、今後特に努力すべき点は何か、等について一人ひとりの子どもが的確な自己評価をすることができるよう十分な手だてを準備しているか。〔悟〕〔入〕

もちろん、以上の十箇条で重要な点の全てをつくしている、というつもりはない。特に気がかりな点、配慮すべき点を挙げてみたものと言ってよい。しかしいずれにせよ、問題は、評価研究を進めていくことによって、授業それ自体が、ここで挙げた観点から言って、より充実したものになってきているのかどうか、ということなのである。評価研究が授業の改善・改革に結びついていないのだとしたら、それどころか評価研究に取り組むことによって授業自体がおろそかになったり、授業からふくらみやみずみずしさが失われたりしているのだとしたら、そういう評価研究は単に無益というだけでなく、非教育的であり、有害であると言わざるをえない。

6　授業に期待されるもの

それでは、このような考え方と手続きを踏んで準備され実施される授業は、いったいどのようなものになるのであろうか。どのような意味での適切さと有効性が実現すると考えられているのであろうか。簡単にその特性を列挙してみることにしたい。

まず第一に、ここで期待されているのは、すべての子どもに一定の教育成果を着実に保障する授業である。しかも、わかる・できる・おぼえる、といった基礎学力を身につけさせる面（学力保障）と、体験する・育つ・形成する、といった個性的で人間的な成長の基礎づくりをする面（成長保障）のいずれをも十分に満足するような授業でなくてはならない。

第二に、ここで期待されているのは、焦点がはっきりし、明確な見通しと構造性を備えた授業である。つまり、教師も児童・生徒も、はっきりした課題意識と目標意識をもって主体的かつ積極的に参加している、という授業でなくてはならない。

第三に、ここで期待されているのは、児童・生徒を認知的情意的にゆさぶり、また豊かな体験性を多様な形で包含した授業である。児童・生徒の既成概念や固定観念を打ちこわし、お義理の無気力な学習態度を内的に活性化し、自分なりの実感を掘り下げ、感性的土台を豊かなものにする、といった点を重視し、そのための手だてを多様な形で準備した授業でなくてはならない。

第四に、ここで期待されているのは、形成的評価のはたらきを多様な形で組み込んだ授業である。「つもり」の指導、「はず」の指導に終わることなく、それぞれの目標に応じて授業の過程での達成状況をモニターし、また一つの単元の中で一、二回適切な時期に中間的な到達状況をできるだけ客観的な形でチェックし、それに応じて補充指導をしたり、次の段階での指導のあり方を変えたりする、といった授業でなくてはならない。

第五に、ここで期待されているのは、目標や計画を土台にし尊重しながらも、時にはそれを大きく乗り越えて展開する、といった躍動的な授業である。あらかじめ定められてあるところをそのままなぞっていく、といった無味乾燥な指導や学習でなく、児童・生徒にとっても教師にとっても授業の中で発見や創造があるような授業、十分な準備の上に立って臨機応変の、そして自由闊達な展開をはかる、といった授業でなくてはならない。

7　基盤としての三条件

　さて、以上の五点にわたる期待をもって、先に述べた手順による目標分析と授業設計をおこなうわけであるが、これだけでは決して十分であると言えない。目標を構造的に明確化し、それに基づく的確な指導計画を作成し、適切な評価を組み込みつつ着実かつ闊達な指導展開をおこなっていく基盤に、教師の基本的な志向性ないし姿勢が確立していなくてはならない。それなくしては、すべてがきれいごと、つじつまあわせ、ひとりよがりに終わってしまうのである。ここではごく簡単に、そうした意味で不可欠と考えられる三つの志向性ないし姿勢について触れておくことにしたい。

　まず第一は、教育的関係を創り上げていく、という志向である。どんな良い授業をしても、子どもの側でシラケているのではどうにもならない。子どもが教師を信頼し尊敬してくれていないなら、学習の状況や成果をモニターし、チェックして指導に生かすことを試みても、まったくの無駄というものである。指導をどう変えようが、学習の方はそれに関係してこないからである。教師と児童・生徒の関係を単なる役割的関係から教育的関係へどう深めていくか、授業だけでなく学校生活の全体を通じて工夫し努力していなかくてはならないであろう。

第二は、自己教育性を身につけさせるべく教育していく、という志向である。目標や指導計画が的確なものとなり、評価が有効に学習へと結びついていく、ということは望ましいこと、目指すべきことではあるが、これが成功すればするほど児童・生徒は依存的かつ非主体的になる危険性がある。しかし長い目で見るなら、学校という場、教師という存在がなくても自らを教育し伸ばしてゆける子どもを育てていくのが、学校の、そして教師の使命であるはずである。したがって、授業を工夫し、評価のあり方を工夫する中で、常にどのようにすれば子どもの自己教育性を伸ばしてやることができるであろうか、ということが考えられなくてはならない。子どもが、自分なりの目標を持つ、教材や題材に向かって内発的に動機づけられる、勉強すること自体の意義を自分なりに認識する、自分をコントロールしつつやるだけのことはやりとげるといった自己統制力を持つ、自分の現状を的確に把握し次の取り組みへとつなげていく自己評価力を持つ、などは、教師の日常の指導を通じて育成されていくべき重要なポイントであろう。

そして第三は、教育の成果について十分に責任を感じていく、という志向である。あらためて言うまでもなく、学校での教育は、授業時数や授業日数が規定通りになっていればよい、というものではない。決められた教科書が一応終わりまで進んでいればよい、というものではない。どの子どもにも、やっぱり学校に行っただけのことがある、と言えるだけの成果があって初めて、学校の、そして教師の責任はまっとうされた、ということになるのである。この意味で、修得ミニマム（学力保障／わかる・できる・おぼえる）と体験ミニマム（成長保障／実感する・経験する・深まる・伸びる）の両方を共に満足するような教育を、責任をもって進めていかねばならないであろう。

こういった三点にわたる基盤的な志向性ないし姿勢は、今後の授業研究、評価研究においても十分に留意されなくてはならないであろう。たとえどんなにすばらしい計画や手順や資料ができあがったとしても、これら三点にわたる基盤的条件抜きでは、本当の教育として機能しないからである。子どもの真の学習と成長に役立つ授業研究、評価研究、という当然極まりない大前提を、いつでも問い返し続ける必要があるのではないだろうか。

2章

新しい評価観と学習指導

2

1　新しい評価観への転換

新しい評価観が提唱され、これが教育界の新しい「常識」として浸透していく中で、評価についての工夫や研究も、そのあり方を一新していきつつある。

もはや評価の方法や手段が、それだけ切り離して、単独で問題とされるということはない。いったい何を目指してのどういう教育活動の中に、どういった形での評価活動をどのように位置づけたならば、そしてその評価が教育活動全体の中でどういう働きをしたならば、教育のあり方が一人ひとりの子どもにとって本当に有効適切なものになるのか、ということが問題にされる。狭い意味での評価の仕方は、そういった枠組みの中に位置づけられたものとして、その意味ではきわめて部分的な課題として、問題になってくるのである。

新しい評価観とは結局のところ、評価という視点から教育のあり方を根本的に問い返し、評価という働きを有効適切に組み込んだ教育活動を、新たに構想し、設計し、実践していこうとするもの、と言ってもよい。別の言い方をするならば、学校として、そして教師として持っているねがいやねらいをはっきりさせ、そういった観点から従来の教育活動や指導のあり方を根本的に再吟味し、ねがいやねらいがよりよく実現するような活動や指導の計画を立てていく、ということを大前提とするものである。そして、ねがいやねらいを常に頭に置きながら子ども一人ひとりの現実の姿とさまざまなレベルで対話し、それに基づいて指導のあり方を軌道修正し、一人ひとりの子どもに補充課題や深化課題を与え……、といった着実な形での活動展開をはかる、というものである。

したがって、新しい評価観に基づいて教育実践をおこなっていこうとする場合、次の三点が不可欠となる。

(1)　ねがいとねらいの体系的な明確化（各段階ごとの到達目標・基準の分析・明確化と構造化）。

(2)　ねがいとねらいがどのように実現しつつあるかをモニターし、チェックするための手だて（到達目標・基準〔クライテリオン〕に準拠した実態把握と測定・評価）。

(3)　モニターしたりチェックしたりした結果に基づく新たな指導や活動、課題設定（評価の形成的機能の追求）。

つまり、よく用いられる言葉で言えば、目標の明確化、到達度評価、形成的評価、の三者が新しい評価観を支える基本的な柱となっているのである。

これら三者は、いうまでもなく、どれか一つを取り出して単独で考えることができるというものではない。いわば三位一体の存在である（図2参照）。

たとえば到達度評価をおこなったとしても、それがきちんとした目標分析の上に立ったものでないならば、評価としてはほとんど無価値と言ってよい。そしてまた、たとえ到達度評価をおこなったとしても、その結果を成績一覧表や通知票、指導要録等に記入するだけで、あるいはそれを子どもや保護者に見せたり手渡したりするだけで終わりにしてしまうのならば、どうしようもない。つまりその評価結果に基づいた新しい指導、新しい学習がそこから始まっていかないとしたならば、そんな評価は教育的な意味ではほとんど無価値と言ってよいのである。

図2　新しい評価観の内的構造

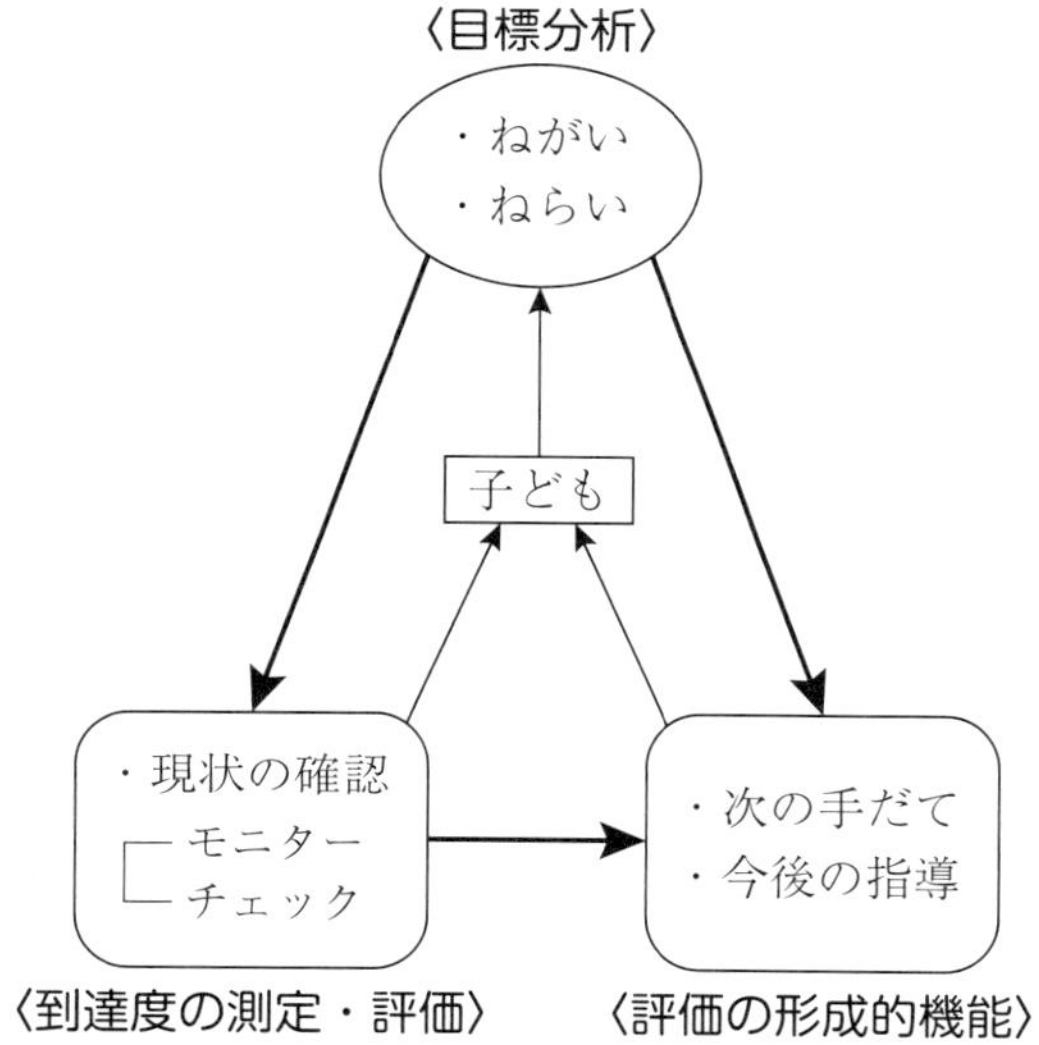

形成的評価であるとして、指導過程の中に多様な評価活動を組み込み、子ども一人ひとりの学習状況をモニターしたりチェックしたりしたとしても、それが教師の側でのきちんとしたねがいやねらいに裏付けられたものでないなら、そういった評価に形成的なはたらきを期待することはできない。つまり、そういう評価活動は無意味であるというだけでなく、指導や学習の過程を阻害しかねない余計な邪魔ものとなるのである。

もちろん、ねがいやねらいが一人歩きするようでも仕方がない。さらに言えば、ねがいやねらいがたとえ何らかの手だてを用いて子どもへの働きかけへと現実化されたとしても、それだけではどうしようもない。「豊かな人間性の育成」といった素晴しい目標を掲げて指導をおこなったとしても、そういった面を育成した「つもり」、そういった面が育成された「はず」でしかないならば、せっかくのねがいも空転するだけであろう。子どもの姿に見られる具体的な現れを、そのねがいの観点から十分に吟味し、それに基づいて当年のねらいを設定し、それが指導を積み重ねていく中で、子どもに本当に実現しつつあるかどうかを子どもの現実の姿から見てとり、それに基づいてまた次の指導の手だてを講じ……、というのでなくては、ねがいやねらいが着実に実現していくということにはならないのである。

2　教育実践に何がもたらされるか

さて、それでは、こういった新しい評価観に基づいて教育実践をおこなっていくと、いったい何が変わってくるのであろうか。

まず第一に、教師が知らず知らずのうちに大量の「おちこぼれ・おちこぼし」を作ってしまう、ということが防げるはずである。

ねがいもねらいも持たないまま教科書をともかくもこなしていくだけということであるなら、多くの子どもがどこかの時点でつまずいたり、学習意欲を失ったりしてしまうことになるであろう。教科書の内容を理解し覚えるだけといった無味乾燥な学習に、子どもがいつまでも耐えられるはずはない。ねがいやねらいのしっかりした指導であってはじめて、見通しの立った学習が、しかも大事な点に焦点の絞られた学習が可能になるのである。

もちろん、これだけで十分というわけではない。たとえねがいやねらいがしっかりした指導であっても、「つもり」の指導、「はず」の指導に終わってしまうなら、まさに尻抜けである。ねがいやねらいの観点からする評価活動が適切な形で指導過程に組み込まれていってはじめて、さらにそういった評価活動に基づいて新たに指導や学習を必要とする課題が示され、取り組む、といったシステムであってはじめて、着実に学習の積み重ねが可能となる教育になるのである。「おちこぼれ・おちこぼし」を大幅に減少させるために、新しい評価観を構成する三本柱が不可欠の要素になると言ってよいであろう。

第二に、教師が一面的で偏った独善的な指導をし、その結果として子どもに成長発達の歪みをもたらしたり、深い心の傷を負わしたりするということが防げるはずである。

ねがいやねらいを長い見通しの中で体系的に、しかも広い目配りとバランス感覚をもって吟味し、明確化する、ということがない場合には、一面的な「理論」やイデオロギーによって容易に影響され、知らず知らずのうちに偏った教育活動をおこなってしまうことになる。

たとえば、どの教科のどういう教材・題材についても発見学習一本槍でやっていこうとしたり、毎時間毎時間小集団（班）での話し合いに終始することをもってよしとしたり、といった活動を考えてみていただけばよい。あるいは、理科だけでなく社会科や国語でまで仮説設定から実験へという手順で毎時間の授業を展開していったり、算数・数学だけでなく音楽や図工・美術に至るまで全教科でプログラム学習中心の展開をおこなっていったり、というような姿である。

こういう偏った一面的な活動展開であっても、もちろん部分的には真理を含んでいる。そういう一つひとつの活動のあり方をそれ自体として取り出してみれば、いずれも子どもの成長や学習にとって本質的かつ不可欠のものであると言ってよい。しかし問題は、一部についての妥当性や有効性、一面についての重要性や望ましさをもって、全体にわたっての、全面にわたっての真理であると誤認している点にある。つまり、子どもの成長や学習の全体を全面にわたって問題にした場合、発見ということが、集団活動ということが、仮説・実験ということが、スモールステップでの積み上げ的学習ということが、どこにどういう形で位置づくか、という点での反省、吟味、認識が欠けているのである。

これこそ大切な真理だ、と思い込んでしまうと、それだけしか見えなくなる。それだけを大事にしていけば、全てが自ら解決するように思えてくる。これは人間の悲しい性《さが》と言ってもよい。しかし、教育ということは本来そうであってはならない。バランス感覚に裏づけられた目配りが不可欠のはずである。もう少し具体的に言えば、一人ひとりの子どもに、教科の本質に関わる基礎的基本的な知識や技能をきちんと身につけさせるという学力保障と、一人ひとりの個性的な感性や能力を将来にわたって伸ばしていくためにきちんとした活動や体験をさせておくという成長保障を双方共に満足させるような教育実践でなくてはならないはずである。このことは、広い目配りと長短さまざまの見通しをもった目標分析がなされてはじめて、そして、それに基づいて多様な手だてが組み立てられた指導計画が作成されてはじめて、可能になるのである。

3　学ぶ側の論理への「呼びかけ」

ところで、教育評価は、何よりもまず教育する側の論理である。新しい評価観も当然のことながら、教育する側の視点に貫かれたものである。いや、一層それを推し進めて、教育する側の責任、とりわけ教育の結果に対する責任を問うものである。この視点は、学校という機関の公的社会的な意義から言っても、決して軽視されてよいものではない。

しかしながら、このことは学習する側の論理を、軽視したり無視したりすることを意味するものでないことも、また当然である。かえって、きちっとした教育の論理を土台とし柱として、学習する側の自主的自立的な取り組みを支え、伸ばしていく、という大きな可能性をはらむものである。もちろん、その可能性を現実のものとするためには、いくつかの点で工夫が必要とされる。

その第一が、教育する側のねがいやねらいに触発される形で、一人ひとりの子どもが自分なりのねがいとねらいを持つようになる、という点であることは言うまでもない。

教える側に目標意識が必要であるのと同様、学ぶ側にも目標意識が不可欠である。行けと言われるから学校に行き、やれと言われるから勉強する、という受け身の惰性をいつまでも続けているわけにはいかない。小学校でも学年が進むにつれ、少しずつ自分なりに、何のために学校に行って勉強をしているのか、今どういうことのためにこの勉強をしているのか、ということがわかっていくのでなくてはならない。中学校に進めば一層はっきりと、自分にとって勉強するということ自体がどういう意味を持っているのか、それぞれの教科・科目は自分にとってどういう意義を持つのか、ということを認識するようにならなくてはならない。また、それぞれの教材・題材ごとにも、自分なりのねらいを持ち、焦点のはっきりした学習をしていってほしい。つまり、小学校上級から、中学校、そして高校へ、という青年前期での主体性の確立、自我の確立の一環として、自らが学ぶということ、しかも他ならぬ学校という場において、定められたカリキュラムに従いつつ濃縮した学習活動をおこなうということをきっちりと位置づけていってほしいのである。これができてはじめて、生涯学習、生涯教育ということも、本当の土台を持つことができるであろう。

もちろん、こういった形で学ぶ側が目標意識を持つということは、教える側がそのねがいやねらいをそのまま押しつけたり、教え込んだりしていくということではない。教える側の目標をそのまま自らの目標にするということは、まずもって困難であるし、たとえ一応はそういう形になったとしても、一人ひとりの内面に深く根をおろした自分なりのねがいやねらいになることは望めない。教師と子どもとでは、基本的な認識が違い、それを支える体験の蓄積が違い、そして何よりも立場が違う。子どもはあくまでも、自分自身の人生設計の一部として学校での勉強を意味づけ、また当面の学習の課題の意義や焦点を自分なりの必然性を持って見出していかねばならないのである。

もちろん、だからといって、教える側のねがいやねらいと、学ぶ側のねがいやねらいがまったく無関係であったり、大きく食い違っていたりするのでは、また困ったことになる。一つの授業の場で、教える側と学ぶ側がそれぞれ違ったことを目指しているとするなら、まさに同床異夢である。教育としての一貫性や積み上げ性もおびやかされることになるだろうし、第一、学校で学ぶということそれ自体の意義があやうくなってしまうであろう。

教える側と学ぶ側の基本的な違いとそれぞれの独自性を大前提にしながら、それぞれの目標意識を基本的な方向性としては一致させていく、という難題を解くにはどうしたらよいのであろうか。筆者はその原理を、「呼びかけ」として考えている。

教える側はそのねがいやねらいを、そのままストレートな形で、学ぶ側に示すのではない。ねがいやねらいを土台としつつ、それに呼応するねがいやねらいが学ぶ側の心の中に生じてくるよう、さまざまな形で「呼びかけ」をおこなうのである。

たとえば、学校で勉強することの意義はどこにあるかを理路整然と語ることも結構である。しかしそれ以上に、教師自身が小さい時、やはり勉強は好きでなかったこと、ちょっとやる気を出して取り組んでもすぐにいろいろ障害が出てきてやる気を失ってしまいがちであったこと、しかしそういう中で、自分としてはこれこれの意味でやっぱり勉強をやっておかなくては、と思うようになったこと、そして、怠けたい気持ち、楽しい遊びの方に行きがちな気持ちが起こってきた時にはこういうふうに自分に言い聞かせて気持ちを引き締めてやってきたこと、等々を語ってやることが大事ではないであろうか。

また、この教材や題材で何を学ぶかについても、教科の体系から言ってここでは特に何をマスターしておかねばならないか、何に気づき何を体験しておかねばならないか、ということを子どもの言葉に直して語ってやらねばならないであろうが、それだけでなく、手作りのプリント教材やＯＨＰ、ビデオといった視聴覚教材などの形でそこでの学習の全体構造を見通せるようにしてやり、それを土台に学ぶ側で自分なりのねらいを持つようにもっていく、ということが大切になるであろう。さらに一時間一時間の授業の中では、本時のねらいを学ぶ側自身の言葉を用いて提示すると同時に、その線に沿って基本的な発問を準備していく、ということが不可欠となるのではないだろうか。

もちろん、こういう多様な形での「呼びかけ」をおこなったとしても、教師の言葉をそのまま受け入れ、それを拳々服膺していくような子どもができたのでは困る。また、「呼びかけ」が一人ひとりの子どもの頭上を虚しく通り過ぎていくだけでも困る。そういう意味で、「呼びかけ」が学ぶ側でどのように受け止められているか、それが子ども自身にとって内的必然性を持つねがいやねらいとして結実していっているか、それによって実際の学習活動が焦点づけられ、筋立てられるようになってきているか、等々の点を常に吟味してみることを忘れてはならないであろう。こういった「呼びかけ」もまた、子どもの現実の姿との対話の中で進められていかなければならないのである。

子ども自身に自己評価をさせるということも、実はこのような「呼びかけ」を土台にしたものでないなら、教育的なものにはなりえない。自己評価票を与えてやたらとそれに記入させてみたとしても、それは本当の意味で自己成長性を支える自己評価とはなりえない。形だけそれらしくしたとしても、本当の自己教育の力や技能や態度が身につくわけではないのである。このことと同時に、新しい評価観は、真の自己教育性の育成というところまで射程におさめるものでなくてはならないし、また教育的な評価ということは本来そういうものでなくてはならないということを、ここで特に強調しておきたいと思う。

3章

評価研究の実践的展開

3

1　評価研究の盛り上がり

教育評価をテーマにかかげての研究が、現在、各地の研究所や教育センター、地域の研究会、そして個別の学校で盛んに行われている。このように評価研究が広範に盛り上がってきたのは、せいぜいここ一〇年のことではないだろうか。

もちろん、この背景にはいくつかの要因がある。

まず第一は、小・中学校の指導要録の改訂。これによって観点別学習状況の評価欄ができ、学年目標を基準に到達度評価をすることとされたこと、さらには指導と評価の一体化という言い方で、評価結果を必ず指導に生かしていく、という形成的評価の考え方が強調されたことはまさに画期的なことであった。また、これをフォローするかのように、文部省は新しい方法論に立つ学力調査を実施し、ペーパーテストによる全国的調査のほかに、各教科五校ずつの研究協力校を指定して、ペーパーテストで把握できない高次の能力や情意的な面の評価をすすめてきた。これもまた、新しい評価観を広範囲の教育関係者が認識する上で、大きな意義を持つものであった。

第二として、現場における従来からの多様な実践的評価研究の積み重ねが、今、本格的に花開く時期を迎えた、という事情も見落とすことはできない。授業レベルや単元レベルでの形成的評価を追求するさまざまな実践研究、また、目標を洗い出し、それを土台にフィードバック回路を持った授業の過程を設計していこうという教育工学的な発想での授業研究等々が、現在の評価研究をしっかりと支える土台になっていることは、あらためて言うまでもないであろう。

第三に、教育自体のあり方を真に責任あるものにしていこうという考え方が、教育界の内外で強まってきているという事情もある。これは当然、教育の願いや手だてを問題にするだけでなく、成果を、つまり学校での教育活動を通じて子どもがどのように変容してきたかを問題にすることになる。つまり、評価を学校教育で本質的な意味を持つ営みとしてとらえ直し、そのような評価を原点として教育のあり方を問い直す、ということになるのである。もちろんこの背景には、「落ちこぼれ・落ちこぼし」問題や校内暴力・いじめ問題等々、今日の学校教育のあり方に対する教育界内外からの反省・批判の高まりがあることは、あらためて言うまでもない。

こういった諸事情があいまって現在のような評価研究の興隆が見られるためか、各地の多様な取り組みに、一つの共通な発想ないし願いがあるように思われる。それは、評価の研究を評価だけのことに終わらせるのでなく、授業のあり方、さらには長い目で見た教育のあり方の改善・改革のてことしてそれを用いていこうという志向である。つまり、現在の評価研究は、もはや、通知表の様式を改訂してそれで終わりとか、知能検査や学力検査、性格検査をやたらと実施して一人ひとりについて詳細なデータ表を作って満足する、といった類《たぐい》のものではなくなってきているのである。

2　授業改善への評価研究

それでは、授業のあり方、教育のあり方を改善・改革するための評価研究とは、具体的には、一体どのようなものであろうか。

まず第一に目につくのは、一時限の授業の中での評価の工夫である。これは、授業の中で、本時の中心的なめあてが子どもたちに達成されつつあるかどうかを、子どもの発言や挙手、表情、ノートやワークシートに書いたこと、などから読み取り、それによって新たな指導をかけたり、授業のテンポや方向を変えたりしていこうというもの、と言ってよい。

これを十分に行うためには、それぞれの授業時限ごとに中心的なめあてをはっきりさせておかなくてはならないし、それがどの程度に達成されているかを、授業の流れの中のどの段階で、どういう方法によってとらえるかを、学習指導案の中に書き込んでおかなくてはならない。また、このような達成状況の読み取りは、クラス全体をにらんでの総合判断によって行うか、それとも三人ないし四人の視点児童・生徒（学力の上・中・下に応じて抽出し、特にその時間、目をつけて見ておくべき子ども）を定めて行うか、も決めておかなくてはならない。

第二に目につくのは、児童・生徒に自己評価の場を与えて、学習のけじめをきちんとつけさせ、次の学習へと方向づけていく、といった工夫である。これは毎時間の授業の中でも不可能とは言えないが、基本的には単元の指導の流れの中で考えられることになる。具体的には、単元の中核的な目標の達成状況や、その単元での学習を土台とした発展的な学習意欲について、単元の指導計画の中に一〜二回、子どもたちに自己評価を行わせる場を設定する、というものになるであろう。

もちろん、これは自己評価の結果を教師がそのまま認めてやるということではない。おうおうにして、教師の目から見て大丈夫と思える子どもが自分自身をまだまだ駄目だとし、厳しい自己評価をしがちであるのに対し、教師の目から見て指導を要すると思われる子どもが、自分自身をこの程度でよしとし、甘い自己評価を行いがちであるからである。このような自己評価の場面の設定は、子ども自身の見方と教師の見方との、ずれをはっきりさせることによって、新たな指導をかけていく手がかりを得ると同時に、子どもが自分自身を、自分なりに吟味してみることを習慣づけることによって、自己教育的な姿勢と能力を形成していく上で、大きな意義を持つものと言ってよい。

第三に目につくのは、単元全体の目標を洗い出し、構造化して、それを土台に指導計画を作成すると同時に、その計画の中に単元目標の達成状況をチェックして補充・深化指導につなげていくような機会を組み込んでいく、といった工夫である。これは、従来、マスタリー・ラーニング（完全習得学習）の実践研究として行われてきたものである。

最近では、先の章でも触れたように、単元の目標分析は、マトリックスによる目標の総合的な洗い出しと、そのうちどれが最も中核的なもので、それを支える基礎的なもの、前提的なものはどれか、さらには発展的な目標は何か、を構造的に明らかにする単元目標構造図の作成、という二段階の作業になってきている。このような単元の目標分析によって、単元全体の指導の流れを分節化（ゆさぶり→追求→まとめと共有化→ドリルと定着化、など）し、各授業時限の位置づけ、性格づけを明確化した指導計画を作成すると同時に、それぞれの目標がどのように達成されているかを、単元全体の指導が一応完了した時点で、あるいは小単元ごとに、小テストやワークシートを課すなどして評価する。そして、その結果に応じて必要な補充指導あるいは深化指導を、個別に課題を指定するなどして行うことになる。このようなチェックと補充指導をきちんとやれるためには、その単元の配当時間より二時限程度は少ない時間で本体指導を全部あげてしまうことができるよう、指導の流れを焦点化し、合理化しなくてはならない。

もう一つ、第四に目につくものとして、通知表や指導要録での成績評価が到達度評価の形で行えるよう目標や評価基準の明確化に努めると同時に、その評価結果に基づいてガイダンスをしたり、新たな課題を与えたり、自らの指導の改善をはかったりする、といった工夫である。これは、学年レベル、学期レベルでの到達度評価、形成的評価を追求する試みであると言ってもよい。

実際には、まずもって学期・学年ごとの到達目標を明確化し、できるだけ具体的な形で評価基準を設定しなければならない。また評価結果がどうであったら何についてどのようにガイダンスすればよいのか、また自らの指導の改善をどのような形で考えていったらよいのか、といった点を、あらかじめ詳細に想定しておくことも必要である。あらためて言うまでもなく、新しい指導要録に観点別学習状況の評価欄が設けられたのは、このような趣旨からであった。この形式を採り入れた通知表を用いている学校が、もう一段階きめの細かい学期という区切りごとに、成績評価をガイダンスや指導の改善に生かしていこうと努めるのは、むしろ当然のことと言ってよい。

ここに見てきた四つの試みは、いずれも、単にテストをして成績づけをする、ということですむような話ではない。指導と緊密かつ有機的に結びついた評価の試みである。別の言い方をすると、形成的評価のはたらきを、授業レベルで、単元レベルで、また学期・学年レベルで、それぞれ追求したものと言ってよい。

しかし、あらためて指摘するまでもないことであるが、それぞれのレベルでの評価研究は、そのレベルのみにとどまることは許されない。あるレベルでの評価をきっちりした形で行い、その段階での指導と適切に統合させていこうとすれば、それより上位のレベルの中にどう位置づけるか、それより下位のレベルへどう分節化するか、をどうしても考えていかねばならなくなる。実際に、多くの先進的な評価研究においては、先に挙げた四つの試みがさまざまな組み合わせで含まれている。いや、最も望ましい形として、先の四つの試みのすべてが有機的に組み合わされ、含まれている、というあり方が実際に志向されているのである。

3　上構型の研究と下構型の研究

さて、最終的には、授業レベル、単元レベル、学期・学年レベルでの評価が有機的に結びついていかねばならないとして、その道すじについて、現在、対照的な二つの迫り方が見られるようである。

一つは、何よりもまず、一時限一時限の授業を改善・改革する手だてとして評価に着目し、そこから出発して評価研究を次々とふくらませていく、という道すじである。これはまず、一時限の授業の中に評価をどのように組み込むか、というところから工夫を始め、その一時限を支える土台ないし枠組みとして単元の目標分析と指導計画の作成へと進み、さらに、その単元の指導の焦点をはっきりさせるため、その背景にある体系的な筋道を問題にするところから学期・学年の目標分析と指導計画の作成に取り組む、といういき方である。教育工学的な発想から評価研究に取り組んだ場合に典型的に見られる展開の過程と言ってよい。上構型の評価研究と呼ぶことができるであろう。

もう一つは、指導要録や通知表での学業成績を到達度評価の形で記入するために、その前提となる学年の、そして学期の、目標や到達基準の明確化に取り組む、というところから出発したというものである。これは、成績評価を指導とどう結びつけていくか、という追求の中で、まず学年レベル、学期レベルの補充指導・補充学習が考えられ、さらに、学年や学期の成績そのものを向上させるため教材のレベルにまで降りて考えることが必要となって、単元レベルでの目標分析と形成的評価、補充指導・補充学習が工夫されることになる。そして、そういう枠組みをはっきりさせた上で、結局は一時限一時限の授業を充実した着実なものにしなくては、ということで、授業の中での評価の工夫や指導案の改善に取り組むことになる。ここ数年、非常に多く見られる評価研究の展開方向である。下構型の評価研究と呼ぶことができるであろう。

ところで、現在の評価研究は、それが上構型のものであろうと下構型のものであろうと、結局は、学期・学年レベル、単元レベル、授業レベルでの取り組みを併せ持ったものになることを志向している。本当に、評価を土台に授業を、そして教育のあり方を改善・改革していこうとするなら、どれか一つだけのレベルですむものではない。指導の成果を把握して次の指導に生かしていくといっても、一時限の授業の中で勝負がつくような目標あるいは成果もあれば、単元くらいの見通しをもって指導も評価も考えていかねばならないもの、もっと長期的に、学期や学年という長い見通しのもとに考えてはじめて指導の成果を上げていくことができるというものもあるであろう。それに、学期・学年レベルの評価も、一時限一時限の授業を変えるところにまでつながっていかなくては、空《むな》しいと言わねばならない。また逆に、授業や単元のレベルでの評価も、一時限から一時限へ、また単元から単元へ、と体系的に積み上げができ、学期や学年の評価へとつながっていくのでなくては、その場限りの自己満足で終わってしまうことにもなる。

学期・学年レベル、単元レベル、授業レベルでの評価のはたらきを相互関連的に示すと、図3のようになる。目標の明確化も、指導計画の作成も、そして評価そのものも、長い見通しのものから教材単位の見通しを持ったものへ、そして当面の一時限の授業の中のものへ、と順次きめを細かくしていくことが望ましい。

繰り返すようであるが、見通しをはっきり持たなくては、本当の教育は不可能である。一まとまりの教材に関する学習の全体を見通すための単元目標、学期や学年の全体を通じた学習の積み重ねを見通すための学期目標や学年目標、こういった目標が明確になっていてはじめて、一時限一時限の授業も真の教育的意義を持つものとなる。このような見通しを欠くならば、たとえどんなに子どもたちの目が輝く生き生きした授業であったとしても、

図3　各教科の授業設計の道筋と各レベルでの主要な形成的評価

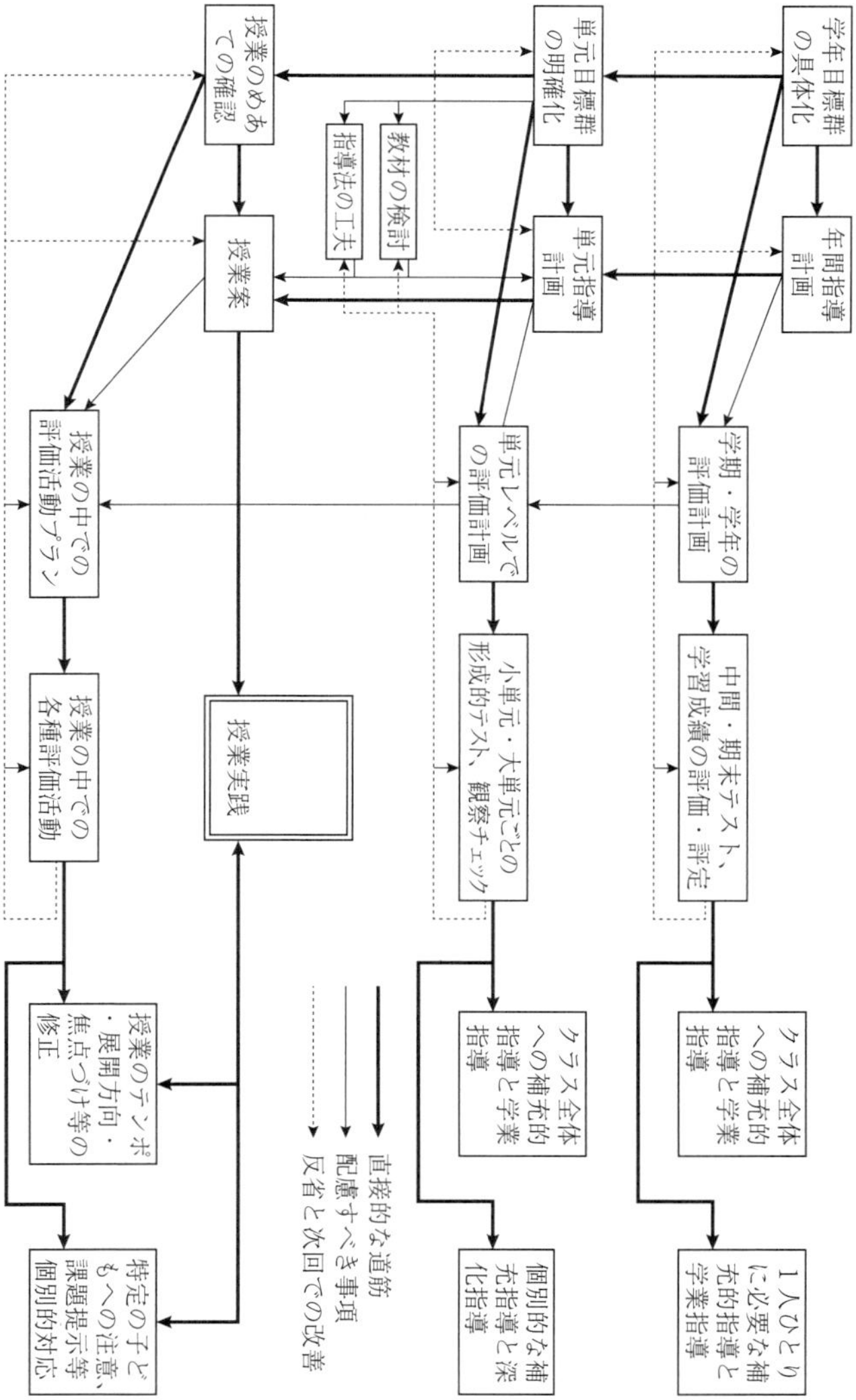

その場限りのやりっぱなしのものでしかない。そんな授業はいくら積み上げていったとしても、子どもの長い成長発達の期間にわたって、一貫した認識や情意や技能を育てていくものにはなりえないのである。

さて、図3に示したような形で各レベルでの評価を相互関連的に追求していこうとするなら、その土台としてまず、体系的な目標分析が不可欠であることが明らかになった。この過程と手順を大まかに示すならば、図4のようになるであろう。もちろん、これを一人ひとりの教師が、個別に取り組んでいくとしたら大変である。とても不可能と言ってよい。しかし、地域の研究会の総力を結集して、あるいは学校を挙げて取り組んでいくならば、そして従来の研究成果を広く収集して自分たちの研究の叩《たた》き台として活用し、また各地の実践研究グループと頻繁に情報交換を重ねながら研究を進めていくならば、このような体系的目標分析も、決して困難なことではない。実際、各地の先進的な学校や研究会で、この点について立派な成果を上げてきているのである。

図４　目標の体系的な分析と学習指導の計画

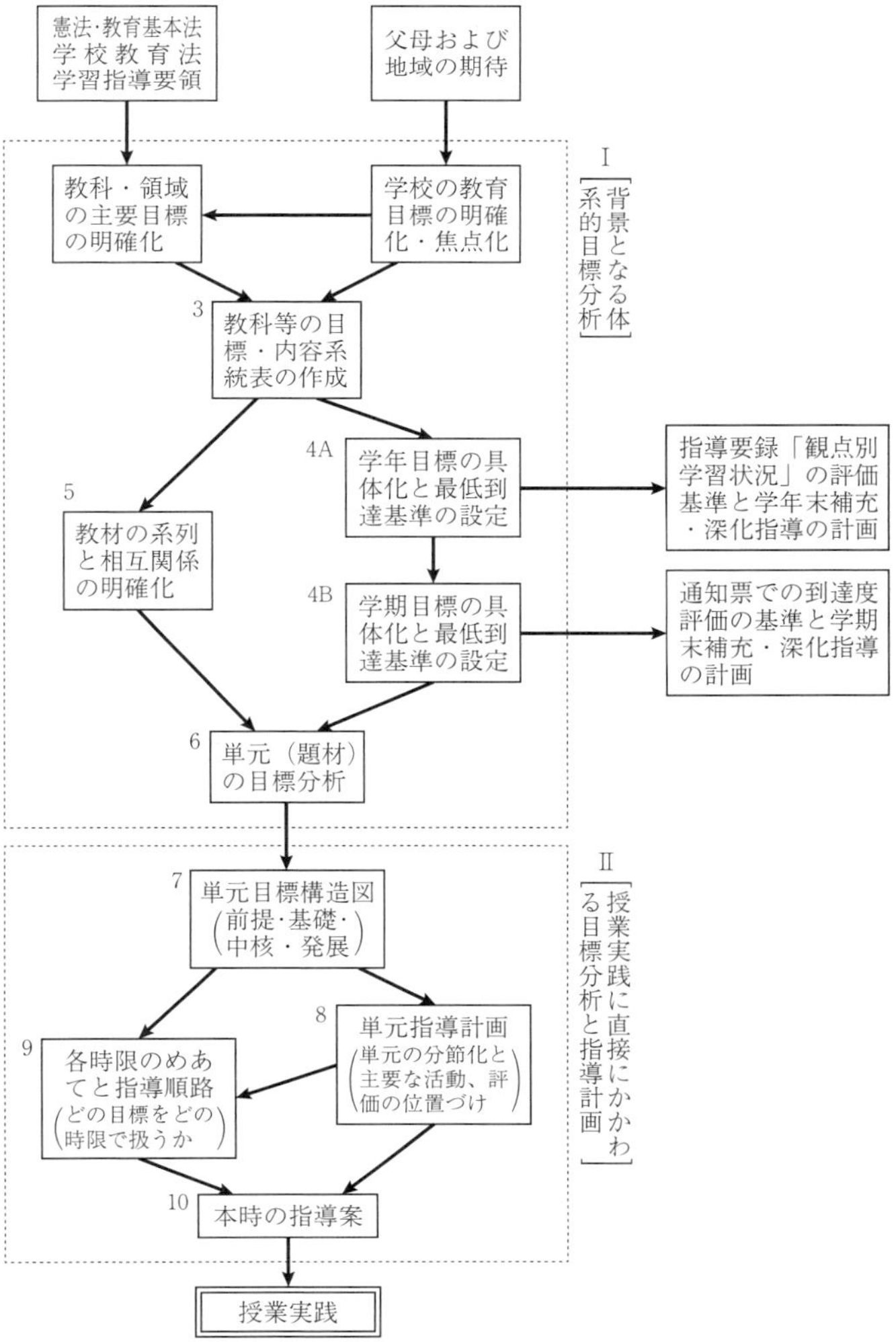

4章

評価を教育化するために

4

1　評価は科学的合理的であればよいか

評価の結果は、数字や記号であらわされることが多い。またその結果を導き出す過程も、きちんとした方式や手順にのっとって進められ、整理されていくことが多い。そのためであろうか、評価というと、客観性を持ち、厳密であって、科学的合理的なものである、あるいはそうあらねばならない、と考えられがちである。

実は、そのような暗黙のイメージを現実の評価のあり方に実現するために、これまでさまざまの工夫や努力がなされたと言ってよい。客観テストの考案も、評価の目標や基準の明確化も、テスト結果や評定結果の統計的処理法の開発も、みなその方向へ向かっての工夫であり努力であったことは、あらためて言うまでもない。

たしかに、評価は科学的合理的なものであるべきである。言いかえるなら、客観性と厳密性を備えたものであるべきである。誰が見ても納得せざるをえない論理と手だてとを持ったものであるべきである。

しかし、こういった科学性合理性が自己目的化したとき、評価をめぐっての悲喜劇が生じる。当事者にとっては悲劇、第三者から見れば喜劇、といったさまざまの現象である。

例えば客観テストを例にとってみよう。誰にとってもハンディのない形で同一の問題を課し、その解答を誰が採点しても同一の得点となるような学力把握法を、ということで工夫され練り上げられてきたのが、この客観テスト法である。現在では解答をそのままコンピューターに読みとらせ、人手をかけずに得点化や統計処理がすべてできてしまう、というところにまで進んでいる。このため問題形式も、現在ではほとんど広義の選択肢法（正誤法、組み合わせ法、多肢選択法、など）に限定されている。

さて、テスト法のこのような「進歩」によって、いったい何がもたらされたのであろうか。その第一は、学力とは断片的な知識の集積である、という浅薄な学力観がはびこったことである。これはまた、テストで良い点をとるためには、子どもに十分考えさせたり、工夫させたりするより、テストの問題作りの土台となる教科書の内容をともかくも教え込むことが大切である、という浅薄な指導観を一般化させることにもなった。そしてさらに、このような学力観や指導観は、何ごとにもただ一つの正しい（あるいは望ましい）答えが存在する、という汎正解主義的教育風土を強化していかざるをえない。こうなれば、学校で教育すればするほど、「物知りのおろか者」が、小ざかしく小利口ではあるが本当の知性も理性も持たぬ「教育された愚者」が、数多く育てられていくことになるのである。

それではいったいどうすればよいのか。科学的合理的な評価にしていく、という面を大切にしながら、それが自己目的化して教育自体を歪めてしまうことがないようにするためには、どういう点をどのように考えていくべきなのであろうか。

まず大前提として必要とされるのは、評価において何が第一義的なものであるか、という根本の再認識である。評価において最も重要なのは、言うまでもなく、教育そのものの有効適切化にそれが役立つ、という点であるはずである。科学性合理性ということは確かに重要であるが、それは決して第一義的ではないのである。教育性が第一であって、その後に来るのが科学性合理性ということなのである。そうであるとすれば、評価において科学性合理性を追求していったために、教育そのものが歪んでしまった、ということがいかにコッケイなことであるか、理解されるのではないだろうか。今後は、教育性の追求をまず第一に考え、その方向に沿った形で科学性合理性の追求をはかるべきであろう。「形成的な」評価と呼ばれているところの本質をよりいっそう掘り下げていくことが、この意味で大切な課題となる。

こういった形で評価観の根底を一新するならば、その基盤の上に、いくつかの具体的な課題が浮かび上ってくるであろう。

2　向上目標も体験目標も

まず第一は、指導と評価における目標設定の問題である。これまでは、はっきりした形で指導の成果が見られるもの、しかもその成果を一義的に定めることができるもの、だけを目標とすることが多かった。行動目標の考え方などその典型と言ってよい。

こういった傾向に対して、筆者は以前から警鐘をならし、教育という営みにとってそれがいかに危険なことであるかを指摘してきた。達成目標、向上目標、体験目標という三つの基本タイプを区別し、それを踏まえた目標分析を提唱してきたのも、この点に関わっている（表3参照）。

指導におけるねらいや願いが、すぐにはっきりとした効果の見えるものばかりに絞られていたのでは、長期間にわたっての見通しを持って人間形成をはかることなど、とても不可能である。したがって教科の授業の中では、言いかえるなら教材や題材との取り組みの中では、一時間の授業の中で効果の出てくるような目標（達成目標）だけでなく、何時間もの授業を通じて少しずつ伸ばしていく、深めていくといった目標（向上目標）も、さらに、いつどんな形で効果があらわれるか分からないが長い目で見て学力の土台作りに欠かせない体験を与えていくといった目標（体験目標）も、同時に追求していかねばならないのである。

表3　3つの目標類型と目標到達性

目標類型		達成目標	向上目標	体験目標
領域	認知的領域	・知識 ・理解　等	・論理的思考力 ・創造性　等	・発見 等
	情意的領域	・興味 ・関心　等	・態度 ・価値観　等	・ふれ合い ・感動　等
	精神運動的領域	・技能 ・技術　等	・練達 等	・技術的達成 等
目標到達性	到達性確認の基本視点	・目標として規定されている通りにできるようになったかどうか	・目標として規定されている方向への向上が見られるかどうか	・目標として規定されている体験が生じたかどうか
	目標到達性の性格	・特定の教育活動の直接的な成果	・多様な教育活動の複合的総合的な成果	・教育活動に内在する特定の経験
	到達性確認に適した時期	・授業中 ・単元末 ・学期末、学年末	・学期末、学年末	・授業中 ・単元末

3　すべてを評価できるか

第二は、指導と評価との関係についての問題である。指導は指導、評価は評価、では駄目だということは、あらためて言うまでもない。指導の目標がそのまま評価の目標にならなければならない。つまり、何を目指して指導したかをはっきりと確認し、それが所期の成果を挙げているかどうか、もしも不十分な点があればそれに対してどうすればよいのか、を明らかにするのが評価なのである。しかし、だからといって、安易に、指導したことの成果はすべて、はっきりと評価できるはずである、と考えるなら、大きな間違いと言うべきであろう。

先に達成目標、向上目標、体験目標、を区別したわけであるが、指導と評価の関係も結局この区別と関係している。つまり、達成目標についてであれば、目標の達成を目指して指導をおこない、その結果をきちんと把握し評価して指導に生かす、ということが可能である。教授・学習・評価を、一つの閉ざされた系（クローズド・システム）をなすものとして考えることができるのである。

しかし向上目標になると若干事情が異なってくる。指導と評価との関係が、それほどはっきりしなくなるのである。一度や二度の指導で論理的思考力や態度・評価観がはっきり変わるわけではない。しかも、何時間もの指導を積み重ねていってそういう向上目標の方向への変化が生じてきたとしても、きっちりした形でそれが把握できるとは限らない。もちろん、単元末や学期末、学年末に、それぞれの向上目標に関するシンプトム（徴候）を設定し、大まかな形で指導の成果を把握することはできる。しかし、達成目標の場合のように、教師の側からの指導と学習者の側での変化との間の関係をはっきりとらえることは不可能である。この場合には、教授と学習と評価とは、せいぜい半分閉じた系（セミ・クローズド・システム）をなすものとして考えられるであろう。

しかし、体験目標に関しては、指導はあっても、そしてその場その場での体験の生起は確認されるとしても、本当の意味での指導成果はなかなか確認できない。つまり、さまざまな意味で学習者のその後の学習や成長に役立つはずだ、として何らかの体験をさせていくのであるが、その効果はかなり後になって、しかも多くの場合一人ひとりに異なった形で、現れてくるのである。長い目で見た成長・発達を考える場合には、体験目標を見落とすことはできないのであるが、これを目指す活動においては、指導と評価が、少なくとも教育活動そのものの中でフィードバック的関係を持たないという意味では、うまくかみ合わないと言わねばならない。教授・学習・評価が一種の開かれた系（オープン・システム）をなしていると考えてよいであろう。

このように、指導と評価との間の関係を単純化して考えることなく、どういう領域でどういう目標を追求するかによって、それぞれの関わり方を考えていかねばならないのである。

4　目標と計画の上に躍動する実践を

第三は、目標と指導計画と教育実践との関係に関する問題である。言いかえるなら、授業設計ということの意義についての問題である。これまではプログラム学習理論の強い影響もあって、課題を細かく洗い出して時系列に沿って直線的に並べ、それら目標一つひとつに指導を割りつけていって指導計画を作成し、それを忠実に実施していくことによって良い授業ができる、といった考え方が根強くあったと言ってよい。教育工学的な授業設計と呼ばれてきたものの大半が、こういう形の硬直化したいき方をしていたのである。しかしこれでは、生き生きと躍動する授業を行うことはできない。

目標を分析して明確化し、それを土台に見通しのはっきりした指導計画を作っていくということは、どんなに脱線したとしてもそこにさえ戻ってくれば、当面の知識・理解・技能をきちんと身につけさせ、長い目で見た指導の積み上げを可能にするための準備をしておくことにほかならない。つまり、教師が授業の中で、子ども一人ひとりが本当に生き、躍動し、そして一歩一歩着実に成長していくようにはかっていくためには、その土台に、

図５　目標、計画、授業展開の間の関係

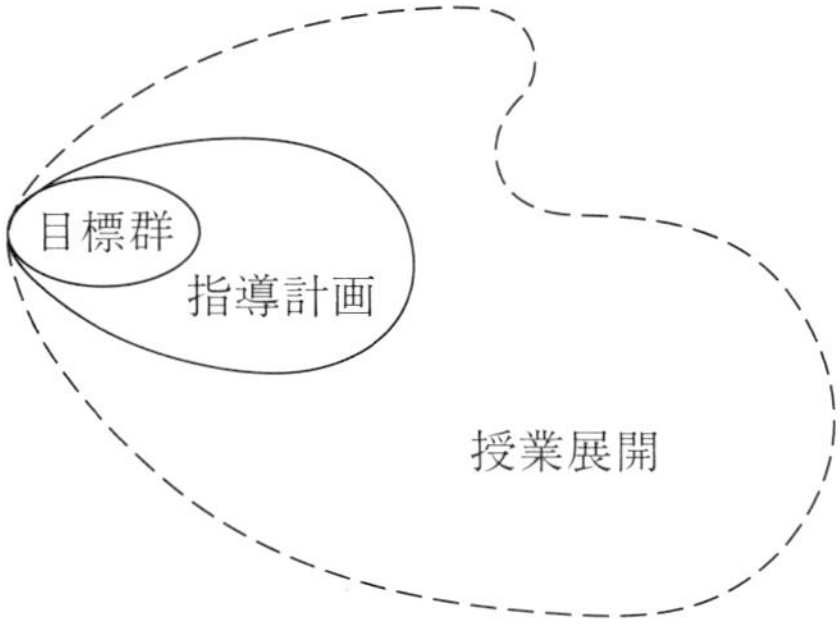

体系的な目標分析と指導計画がなくてはならないのである。

こういった考え方は、目標と指導計画と実際の授業展開との関係を、図５のようにとらえる、ということにほかならない。体系的に設定された目標群という形で芯をしっかりと通し、その上に立って、教材や題材の特性と子どもの現状とを踏まえた豊かな肉づけを持つ指導計画を作成し、その計画を土台にその場その場での臨機応変の展開を心がけつつ実践を進めていく、ということでなくてはならない。繰り返すようであるが、授業の過程それ自体は、目標や計画に縛られたものではなく、あらかじめの想定を踏まえながらも、教師や子どもの思いつきや発見や脱線が十分に盛り込まれたもの、その意味において、生き生きと躍動するものでなくてはならないのである。

5　多様な評価活動を

第四は、評価の方法と時期の多様化である。学期に一、二度、ペーパーテストの形で定期試験を行い、その点数に基づいて成績づけをする、といった従来の評価方法は根本的に見直されるべきなのである。

達成目標タイプの目標に関しては、毎時間の授業の中で、さらには単元の流れの中で、きちんとその成果が把握され、学習者にフィードバックされると同時に、教師の指導のあり方自体もそれに対応して変わっていくのでなくてはならない。向上目標タイプの目標に関しては、単元末に、さらには学期末に、その成果の検討が行われ、それが次の段階での学習や指導に生きてくるのでなくてはならない。体験目標タイプの目標に関しては、その生起の有無が毎時間の授業の中で確認されると同時に、学年末に、あるいは卒業時に、学習者がどのような体験をどのような形で受けとめていたか、それによって何を得、どのように変化してきたか、ということをごく大ざっぱにでも把握してみる、といった努力が必要となるであろう。

そうすると、従来のように客観テスト中心の評価ではどうにもならない、ということになる。ノートやワークシートの記入内容の点検、発問や挙手やフィンガーサイン等々の工夫、反省作文やレポートの多用、等々新たな手法を導入していかねばならない。

以上見てきたように、本当に教育的な働きをする評価を考えていこうとするなら、発想と手法を大きく転換しなくてはならない。各地の先進的な実践研究校の工夫と成果に学びつつ、一校でも多く、一人の教師でも多く、こういった取り組みをしていっていただきたいものである。

5章

形成的評価の考え方と課題

5

1 形成的評価の基本的な考え方

ブルームが「形成的評価」の考え方を提唱した時、それは単元を単位としたマスタリー・ラーニング（完全習得学習）のためのもの、という色彩を強く持っていた。具体的に言えば、単元末に実施される補充・深化指導の内容を指示する形成的テストであり、目標分析においても評価項目においても、知識・理解・技能といった達成目標タイプのもののみが考えられ、行動目標の形で表現することが当然視されていたのである。そこでは、形成的テストに基づく補充学習、学習方法や指導方法の矯正、カリキュラムの改善が考えられていたとはいえ（図6参照）、あくまでも単元レベルのものでしかなかった。授業の中での形成的評価や学期・学年レベルでの形成的評価といった考え方は皆無であったし、論理的思考力や創造性といった高次の認知的能力、態度や価値観といった情意的領域の特性等は、目標分析でも形成的評価でも、ほとんど無視されていたと言ってよい。

しかし、この一〇年間の理論的実践的研究の積み重ねによって、形成的評価の概念は深められ、明確化され、より教育的なものになっていった。当初の考え方に含まれていたいくつかの限界が打ち破られ、あいまいだった点がはっきりしてきたのである。現時点で一応のまとめをしてみるならば、形成的評価は現在、次のようなものとして考えられると言ってよい。

(1)　形成的評価とは、何らかの評価形態を示すものではない。それは、教育活動の途上で中間的成果を把握し、活動自体の軌道修正のために、また次の段階の指導や学習の方向や課題を明確化するために用いる、といった評価のあり方を示すものである。この意味で、評価の「はたらき」に関する概念として理解されなくてはならない。つまり、総括的評価が締めくくりという機能をになう評価のあり方であるとするなら、形成的評価はフィードバックとフィードフォワードの機能をになう評価のあり方なのである。

(2)　形成的評価には、教育活動の時間的展望の長さに応じ、さまざまなレベルのものがありうる。つまり、教育活動の基本単位を、一学年、一学期、一単元、一時限、一つの学習系列、のいずれをとるかによって、フィードバックやフィードフォワードのための見通しの大きさが異なってこざるをえない。したがって、たとえば学習者の現状をチェックしたとしても、それをその学年や学期の成果が最大になるように用いるのか、それともそこでの単元の成果が、あるいはその時間の授業の成果が、それとも一五分や二〇分程度で完

図6　ブルームによる形成的テストの考え方

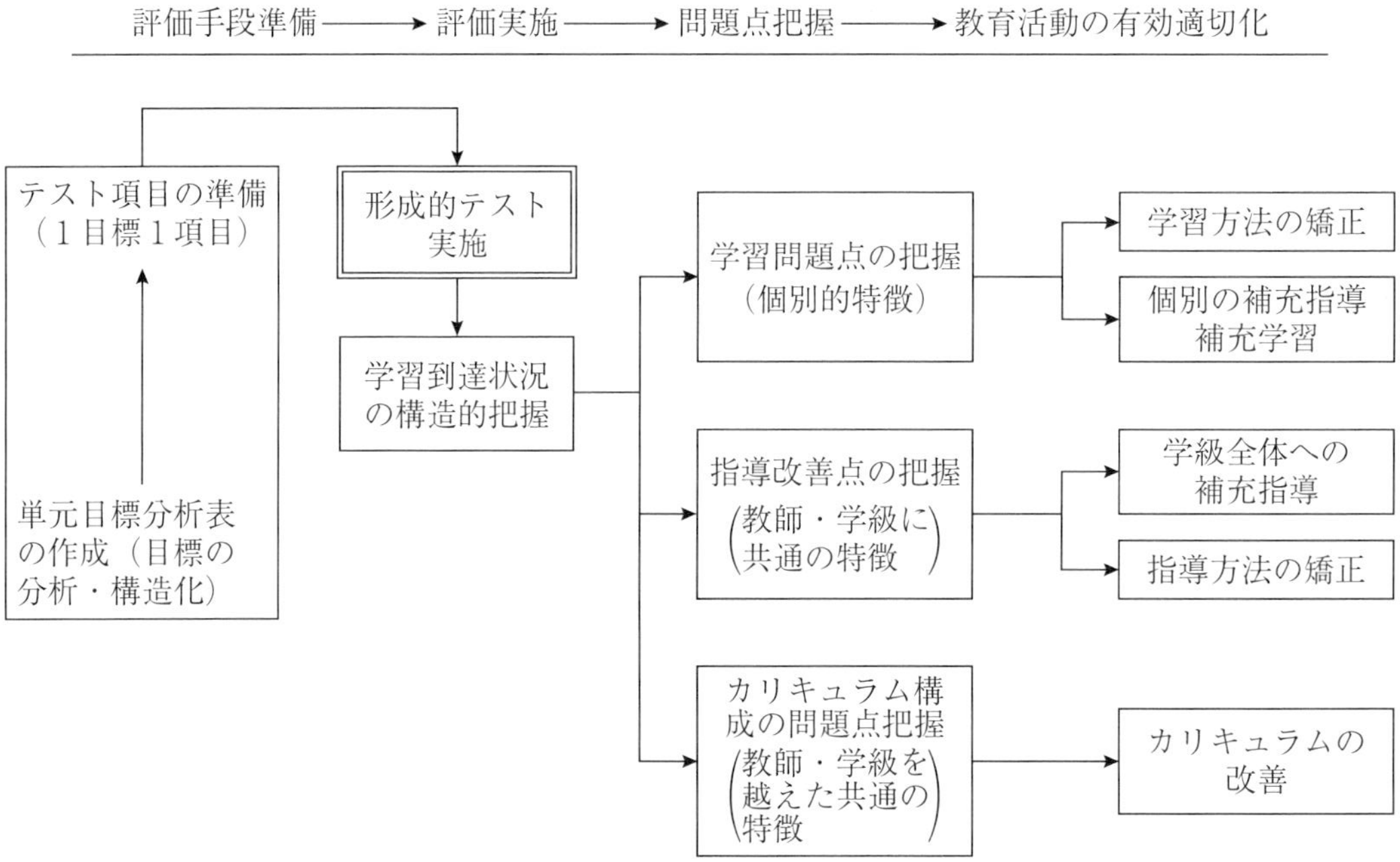

結するはずの学習系列の成果が、それぞれ最大になるように用いるかで話は全く異なってくるのである。現在では、成績評価を到達度評価といった方法で行うことによって、単なる総括的評価でなく形成的評価のはたらきをも発揮させよう、という形で学期・学年レベルの形成的評価が、また、単元の目標群に応じ、小単元ごとに、あるいは単元全体で一度、小テスト等による評価をし、それに基づいて補充深化指導を行う、という形で単元レベルの形成的評価が、さらに、一時限の授業の中に何箇所かチェックポイントを作っておき、そこで学習状況をチェックすることによって指導のテンポや方向を変えていく、という形で授業レベルの形成的評価が、同時平行的に追求されているのである。

(3)　形成的評価は、知識、理解、技能といった達成目標タイプのもの、行動目標の形で示されうるもの、に限定されてはならない。高次の知的能力や情意的特性といった向上目標タイプのものについても、また、感動や触れ合い、追求や発見、等々といった体験目標タイプのものについても、形成的評価が考えられるべきである。もちろん、その際、それぞれの目標類型によって、目標への到達度の把握の仕方が本来異なっている、という点に十分な注意をしなくてはならない。向上目標タイプのものについては、シンプトム（外的徴候）という形で目標到達点を暫定的に定め、それを基本的な観点として観察やレポート、ワークシートなどで到達度の確認を行うことになるであろうし、体験目標タイプのものについては、作文やレポートでの内観報告によって、ねらった体験が一人ひとりの中に確かに生起したか否かを見る、というものになるであろう。これらは、ペーパーテストでほとんど用が足りる達成目標タイプのものの場合とは発想を異にしているだけに、今後の方法論の研究開発に待つべき点が多い。

(4) 形成的評価は、教育過程の途上における評価として規定することができるとしても、教育過程との実際の関わり方を考えるならば、そこにいくつかの機能類型を考えることができる。たとえば、形成的評価の結果に基づいて、目標水準に達していない場合その学習ユニットを繰り返すという再学習型のもの、学習ユニットの中で未到達な部分のみに手当をするという補充学習型のもの、次におこなう学習ユニットの指導や学習のあり方を考えるという先行調整型のもの、次の学習課題としてそれぞれに相応しい個別的あるいは類型的学習系列を準備するという学習分岐型のもの、などが考えられるであろう。そして、授業レベルの形成的評価のためには再学習型と先行調整型の機能が、単元レベルの場合には再学習型、補充学習型、学習分岐型の機能が、学期・学年レベルの場合には補充学習型と学習分岐型の機能が、主として想定されることになるのである。

2　当面する課題と今後の発展方向

以上にまとめて述べたところからも明らかなように、形成的評価の具体的な形がさまざまであるため、ブルームが単元の形成的テストを中心に考えていた頃と違って、話が複雑になっていることは否定できない。しかし、そこにこそ、形成的評価を理論的実践的に追求してきた人々の願いを読みとらねばならないであろう。つまり、現在見られるような発展・展開は、現実の教育活動を改善・改革していくための手だてとして形成的評価をとらえ、その教育的可能性を追求していった結果に他ならないのである。

それでは、現在、より一層教育的有効性を持つものとなるよう形成的評価の研究と実践を押し進めていこうとする場合、どのような点が当面の課題として浮かび上がってくるのであろうか。主要なもののみを次に挙げてみることにしよう。

(1)　情意的特性や高次の認知的能力などに関する目標分析と形成的評価の技法を確立すること。これらはいずれも向上目標タイプの目標であるため、目標の記述にも、目標到達性の確認にも大きな困難が生じる。しかし、静岡大学附属浜松中学校や福岡教育大学附属福岡中学校などの研究で、この点についての基盤は出来上がりつつあると言えよう。特に今後は、到達性確認のための目安として、主要な向上目標タイプの目標について、プラスのシンプトム群とマイナスのシンプトム群を準備するという徴候分析の手法を、より有効かつ簡単なものとして確立していく必要がある。

(2) 学期・学年レベル、単元レベル、授業レベルの形成的評価が、一つの体系をなすよう連動する指導計画の作成に努めること。先にも述べたように、形成的評価はそれぞれのレベルで必要である。そしてそれらが相互にかみ合っていて初めて、長い目で見た教育の有効適切化が実現すると言ってよい。このための基礎作業として、前述の浜松中学では、単元レベルの目標分析表を全学年の全教科について作成しただけでなく、単元の分析表の土台になるものとして各教科の大きな指導領域ごとの目標構造を明確化した目標分析基礎表、さらにそれらを全てまとめ、教科全体の主要な目標を構造化した目標分析総括表の作成を行っている。他の小・中学校でも、このような試みを行ってみてもよいのではなかろうか。また、これが十分に行われるなら、指導要録の観点別学習状況欄における評価のために不可欠な各教科の学年目標と評価基準の設定も、指導計画と結びついた形で体系的に行うことができるであろう。

(3)　形成的評価を取り入れ、着実な形で確かな学習を進めていくのであるとしても、臨機応変な授業展開、ダイナミックで躍動する学習体験、がなくては、教育としての豊かさも深さもどこかにけし飛んでしまうことになる。形成的評価をさまざまなレベルで取り入れながらも、一層、授業としてのダイナミズムが発揮されるような指導計画の立て方が確立しなくてはならない。この点については、藤沢市の小学校の先生たちが取り組んできたし、島根大学附属中学校や岩手大学附属中学校も、いろいろ工夫を重ねてきている。「指導のための評価」というテーマでの研究校が、毎時間毎時間、やれ小テストだワークシートだ観察だ、とデータ集めに精力を使い果たし、指導どころではない、といった状況を呈しているのを実際に数多く見てきただけに、この課題についてはもっと真剣に取り組んでほしい、というのが率直な願いである。

(4)　形成的評価の機能モデルについても、つまり、形成的評価をした後、どのような形でその結果を指導や学習に生かしていくかについても、もっと研究が必要であろう。形成的評価は、言うまでもなく、評価の具体的技法よりも、評価結果を教育の過程でどう活用するか、ということの方がずっと重要な意味を持つ。しかし、この点についての認識がわが国の教育界では未だ十分ではないようである。いずれにせよ、形成的評価の各種の機能類型をどのように区別し、教育過程のどこでどのように活用したらよいか、という問題については、前述の福岡中学校や岩手大学附属中学校が、その取り組みを公刊している。これらの研究成果を基礎としながら、各教科の特性と各学年の発達段階などを考えつつ、形成的評価をどう機能させるかについて、もっと具体的に工夫を積み上げていかねばならないであろう。

3　形成的評価の目的の再確認

ここで挙げた四つの課題に取り組んでいくにあたって、忘れられてはならないのは、一体何のための形成的評価であったのか、形成的評価を導入することによって、何をどう変えてゆこうとしたのであるか、という点の再確認である。

形成的評価が導入されたのは、一つは、言うまでもなく、着実に、また確実に、学力を形成していく、ということのためであったはずである。学校は公教育の機関として、すべての子どもに一定レベルの学力だけは必ず保障する責任を負っている。これを形成的評価の機能を駆使することによって現実のものとしなくてはならないのである。言い換えるなら、教育活動をやりっぱなしにするのではなく、その活動を通じて達成することが期待される最低限の成果についてさまざまの段階で確認を行い、それに基づく適切な措置を教育活動のそれぞれの段階に組み込んでいくことによって、これを現実に可能なものとしようということであったわけである。

もう一つは、教育活動のあり方を児童生徒にとって無理のないもの、適切なものにしていくということであったはずである。つまり形成的評価の機能を重視することによって、授業展開や指導計画を子どもの側の反応や目標達成状況をにらみながら、その時々に最適なものへと修正し改善していくことが可能になるのである。具体的には、指導案や指導計画をそのまま遵奉するというのではなく、それを下敷きにしながらも、常に新しい気持ちでその場に合った措置を臨機応変にとっていくことを目指すわけである。このことは、また、教育の過程をあらかじめきちんと細部まで設計しコントロールできる機械的な過程として見るのではなく、その本質的特質を、その中で教師にも子どもにも発見や創造のある「生きもの」として、いわば実存的出会いの場として見ることに他ならないのである。

形成的評価の導入を考えるとは、結局のところ、これら二つの点で教育活動の改善・改革をはかっていくことであると言ってよい。逆に言えば、これが実現してはじめて、形成的評価を導入したことが教育的意味を持つのである。したがって、形だけ形成的評価を真似てみる、というのは、教育的観点から言えば、単なる「ゴッコ遊び」でしかない。どんなに簡単な形のものでもよいから、教育活動の改善・改革を本当にもたらすような評価研究を行いたいものである。

6章 形成的評価と学習意欲

6

1　評価的な活動と効力感

万歩計というものがある。腰につけておくと、歩いた距離や歩数がカウントされ、数字として示される計器である。面白いもので、普段は歩くのがおっくうで、すぐに自動車に乗りたがる人でも、これをつけていると励みになるのか、一日にかなりの距離を歩くようになる。

実は小生も、先日からこれを腰につけるようになった。目標は、一日に一万歩あるいは五キロメートルを超えること。四階まではエレベーターを使わずに上り下りするのが習慣になりつつあるし、電車を待つ間にもプラットホームの端から端まで往きつ戻りつするようにもなった。いま現にやっていることが、一つの積み上げとして自分自身の目に見えるということは、ずいぶん励みになることである。

何についてもそうではないだろうか。いくら努力をしたとしても、その努力の跡がどこにも残らないとしたら、張り合いのないことこの上もないであろう。いくら、「努力それ自体が尊いのだ！」とか、「いまは何も変わらないように思えるかもしれないけれども、努力したこと自体は決して無駄にはならない。目に見えないところで確実に何かが変わっていっているのだから……」と言ってもらったところで、たいしたなぐさめにはならない。たとえ、頭ではそのことがよくよく分かっていたとしても実感としては、なかなかそうはいかないのである。

学校での勉強にしてもそうである。やったらやっただけのことがあるということが目に見える形で示され、やらなかったらやらないだけの結果がはっきりとあらわれる、ということであるなら、それが励みになって自分から勉強しようという気になるであろう。これとは逆に、勉強しようがしまいが同《おん》なじだ、ということであるなら、いつの間にか勉強する張り合いを失ってしまうのではないだろうか。何はなくとも「勉強そのものに喜びを見出して……」というのは、高校、大学になってからのことであろうし、しかもその場合であっても、そういう奇特な学習者は、結局のところ少数者でしかないであろう。大多数の人にとっては、努力の過程や成果が自分の目に見えるようになっていてはじめて、新たな努力への気持ちが生じてくるのである。つまり、そういう意味でのフィードバック情報が、努力の持続にとって必要不可欠なのである。

それでは教育の現実はどうなのであろうか。そういったフィードバック情報が、一人ひとりの学習者に対してまた教師に対して、十分に与えられていると言ってよいのであろうか。

たとえば、テストや成績づけをやめてしまおう、という主張がある。こういった主張が、いくら、学習者を評価で苦しめることがないように、という教育的な動機に立つものであったとしても、結果は無残なものでしかない。このことは、従来のさまざまな実例から言っても、火を見るより明らかと言ってよい。どの学習者に対しても一律に「5」を与えます、といった類の「実践」の場合でも同様である。

教師の方へのフィードバック情報についてもそうである。「〜を育てるつもりで指導してきました」とか「こういう活動をすれば〜が育つはずです」といった域にとどまっている限り、主観的で独善的な教育指導にならざるをえない。自分が願っていたところ、狙っていたところが、どういう形で学習者一人ひとりの上に実現しつつあるのかを確かめつつ教育活動を進めていかなくては、地に足のついた着実なものとならないであろう。それに、自分の指導によって一人ひとりの子どもが確かに変わりつつあるということが見えてくるのでなくては、教師として張り合いがないのではないだろうか。

これが、教育評価を日常化していくということである。日常的なレベルで、指導と評価を一体化することと言ってもよい。

しかし、ここで言っているのは、テストとか成績づけといった「固い」評価を日常化するということではない。そんなことをしたら、学習者も教師も評価に追いまくられて、教育活動にじっくりと取り組むことができなくなってしまうであろう。評価的働きを日常の教育活動の中に有効適切な形で組み込む、ということが肝要なのであって、評価的働きを入れたために教育活動が阻害されるようなことがあるとすれば、本末転倒である。万歩計ばかりに気をとられて、歩くこと自体がおろそかになるようでは困るのである。

必ずしも得点化されない評価、記録として残るわけではない評価、成績づけにつながっていくわけでない評価、そういった「柔らかい」評価こそが必要なのである。「柔らかい」評価によって学習する側と教育する側の双方に、頑張っているかどうか、成果を挙げつつあるかどうか、を日常的にフィードバックしていくということこそが必要なのである。この意味において、記録やデータとしての評価からは、どうしても脱却しなくてはならないのである。

2　記録やデータから形成的な評価へ

テストや成績づけが、一人ひとりの子どもについてきちんとした記録を残す、ということのためにだけなされるとしたら、さみしいことではないだろうか。これを、子どもの学習過程とその結果についてデータをとるために評価する、といった具合に言い換えたとしても同様である。

記録する、データをとる、といった発想は、教師の側の、学校の側の、もっと言えば教育を管理する側のものでしかない。そこでは、子どもの姿がその時点で固定化され、確定された事実であるかのように扱われてしまう。子どもの生き生きと躍動する姿も、次の日に、次の月に、あるいは次の年にどう変わるか分からぬ、という学習や成長の可能性も、数字や記号の背後にかすんで見えなくなってしまう。だから教師も、「なんだかんだと言ったって、あの子はあの時、こんな点数（成績）でしかなかったじゃないか」といった言葉を、つい口にしてしまうことになる。

また、記録する、データをとる、といった発想は、教師や学校が、一人ひとりの子どもを突き放して、第三者的に眺めているからこそ出てくる、とも言えよう。本当に教育しようとするなら、教師は、そして学校は、そんな姿勢をとる余裕などないはずである。子どもの現状を把握し吟味してみるとするなら、それは指導に生かすための、子ども一人ひとりの学習に生かすための、やむにやまれぬ必然性があるからこそ、そうするのではないだろうか。教育活動を進めていく上に必要のないテストや成績づけなら、そんな余分なものはない方がよい。

これまで、テストや成績づけが、子どもに対する教師の固定した先入観をもたらしたり、子ども自身につまらぬ優越感や劣等感をもたらせたり、親がその結果に一喜一憂して子どもに神経質に対応するといった傾向を助長したりしてきたのも、こういった管理的で第三者的な評価観が支配的だったからだと言ってよい。

これに対して形成的評価の主張や実践は、評価を教育的な働きをするものへ変えていこうとするものである。そしてさらに、着実な指導を体系的な形で進めていこうとすれば、評価活動がそこに組み込まれていないといけないことを十分に認識し、そういった意味での評価の在り方を追求していこうとするものである。

だからこそ、成績づけにつながらない多様な評価活動が、そこでは重視されることになるのである。後で述べるように、成績づけそのものの意味や働きも大きく変革しようとするわけであるが、それでも従来の固定した成績観が、教師にも子どもにも親にもないわけではない。このため、成績との関係を絶ち切った評価活動が大切になるのである。

授業の中でワークシートやノートの記入内容を点検したり、紙製の三角錐や四角柱を使って子どもに学習状況や選択反応の表示をさせたり、フィンガー・サインを使っての挙手で意思表示をさせたり、といった工夫は皆、成績につながらぬ評価活動を教育活動の流れの中に組み込んでいくためのものである。また、単元の途中で一、二回、小テストを実施したり、点検チェックリストを用いて子どもの行動や態度、作業の進め方や製作品の仕上がり状況、等々を評価したりするのも、同様の目的を持つものである。

こういった方向と並んで、成績づけを単なる成績査定に終わらせないための工夫もなされなくてはならないであろう。学期末や学年末に各教科の成績を出して、それを通知票や指導要録に記入してそれで終わり、というのであったら、教育的にはそう大きな意味はない。先に述べたように、管理的で第三者的な査定になってしまうのが関の山である。だからこそ、成績づけを単なる査定に終わらせることなく、それをきっかけに新たな指導をし、学習の仕方や方向、課題を示す、といったことが必要となる。学期末や学年末におけるガイダンスと補充指導、といった取り組みがそれである。また同時に、成績づけのための資料を総合的に検討してみることによって指導の在り方を反省し、その後における指導の改善を図るということも大切な課題となる。

以上のような点を総合的に考え、実践していこうというのが、形成的評価の主張と実践であると言ってよい。したがって、そこでは具体的に、授業レベルでの形成的評価の在り方、単元レベルでの形成的評価の在り方、学期・学年レベルでの形成的評価の在り方が、相互関連的に追求されることになる。

これを実際のものとするためには、結局、指導計画そのものが、体系的にきっちりと作成されねばならない、ということになる。形成的評価は、学習の成果だけに着目するのではなく、その成果を踏まえて次の学習を、次の指導をどうするか、を問題とするものであり、また学習の成果自体も指導の手だてとの関係において吟味されるものである。だからこそ、評価がそれのみで考えられるのでなく、どこでどのような評価をし、それをどう生かすか、が指導の流れの中に適切に位置づけられていなくてはならないのである。

3　形成的評価の手だてと学習意欲

ところで、ここに述べてきた形成的評価のための具体的な手だてと学習意欲とは、いったいどういうふうに関係しているのであろうか。

まず第一に、何のために今ここで学習をしているのかわからないから意欲を失う、ということとのかかわりを考えてみることにしよう。これは、さまざまのレベルでの目標を一人ひとりの子どもに学習目標として持たせることによって解決をはかることができるのではないだろうか。このためには、どの段階でどのようにして学習目標を提示するかを考えてみなくてはならない。四月の初めに、この一年の間に、そして夏休みになるまでに、どういうことを学び、どういう進歩や成績が期待されているか、をゆっくり話してやるとか、夏休みが終わってすぐに、二学期にやることとその位置づけを、そして冬休みが終わってすぐに、三学期にやることとその位置づけを話してやるとか、といったことも必要であろう。また、単元ごとに、その第一時限の初めに、その単元の中核目標と特に大切ないくつかの目標を中心として、その教材、題材での学習の意義を説いてきかせることも不可欠である。さらに、一時限ごとに授業のすべり出しとして、その時間のめあてを確認することから始めていく、ということもやるべきであろう。これを十分に行うためには、あらためて言うまでもなく、学年・学期の到達目標の設定から始まって、単元の目標群の構造的明確化、各授業時限のめあての焦点化、といった作業が大前提となるのである。

第二に、授業でやっていること自体が無味乾燥であるから意欲が持てない、ということとのかかわりはどうであろう。これは結局、授業の設計と実施を工夫するなかで解決がはかられることになるのではないだろうか。特に、その単元の教材や題材とどう出会わせるか、そこでの活動を通じてどのような体験を得させるか、どのようにして認知的ゆさぶりや情意的ゆさぶりをかけていくのか、といった点での工夫が大切になるであろう。もちろん、これも全体的な目標体系を土台に準備され実施されるものでなければならない。でなければ、どこにどういってしまうか、そこからいったい教育としての積み重ねが生まれてくるか、がはっきりしないままになり、はい回ったままで終わり、ということにもなりかねない。したがって、成長保障的志向に基づくさまざまな工夫、そして向上目標と体験目標のタイプに属する諸目標の重視が特に必要となるのである。

第三に、授業でわからなかったり、できなかったりするから意欲がなくなる、ということのかかわりはどうであろうか。これは形成的評価の最も大きな意義の一つが、子どものつまずきを早期に発見し、手を打つ、という点にあることを考えるなら、あらためて述べるまでもないであろう。つまり、形成的評価とは、本来、さまざまなレベルで逐次的に一人ひとりの学習状況をモニターし、学習成果をチェックして、その場その場で学習困難点が解決していくようにするための手だてなのである。つまずきが何の手当てもされぬまま放置されていたり、子ども一人ひとりの学習プロセスやレディネスと無関係に指導が展開されていったりするなどということは、形成的評価を実践していく限り、ありえないと言ってもよいのである。

それでは最後に第四の点として、学習成果を誰も認めてくれなかったり、自分自身にも努力した成果がはっきりとつかめなかったりするから、意欲が持てなくなる、ということとのかかわりはどうであろうか。これもまた、形成的評価の実践として追求してきたところと、直接的に関係するものである。つまり、授業の中で、単元の中で、そして学期や学年の終わりに、目標の到達状況を把握し、子ども一人ひとりの学習成果、教師の指導成果を確認するという形成的評価の活動そのものが、まさにここでの問題にこたえるものと言ってよい。さらに、最近の形成的評価の実践研究の中で、授業レベルでも単元レベルでも、さらには学期末や学年末の場合でも，子ども自身による自己評価を取り入れる試みが多くなっていることは，この意味での取り組みを前進させるものと言ってよいであろう。

以上に述べてきたように，ごく簡単に検討してみるだけでも，自ら学ぶ意欲を育てるという教育課題が，形成的評価の実践の中に必然的な形で位置づいていることが理解されるであろう。逆に言うならば，自ら学ぶ意欲を育てるという課題を総合的に追求していこうとするならば，形成的評価の実践研究に示されるシステマティックなアプローチが不可欠と言ってよいのである。

7章

「関心・態度」の評価

7

1　客観的で厳密な評価ということについて

評価は何よりもまず客観的で厳密でなくてはならない、という思い込みがまだ根強い。そういう人にかかると、「関心・態度」などのように客観的にも厳密にも評価できない特性は評価すべきでない、ということになる。この論を推し進めていくと、結局は、客観テスト方式で測れる特性、すなわち、「わかる・できる・おぼえる」だけしか、しかもその一部だけしか評価すべきでない、ということになるであろう。

これはどこかおかしい、と多くの人が思うのではないだろうか。すでに一九三〇年代に、タイラーもそのことを強く主張している。測定でなく評価こそが大切なのだとして、目標とするところにどの程度近づいたか、という意味での評価を強調したのである。これは、客観的で厳密であることを第一の条件とするのではなく、教育の目標との関係で学習者の実態を吟味してみることを重視する考え方であった。今ではこれが、評価理論の大前提となっている。

したがって、何かについて評価すべきかどうかは、それが教育の目標として重要であるかどうかということで決まる、ということになる。つまり、これこれのことを達成しようとして手だてを講じ、それによってそのことが本当に実現したかどうか、あるいはどの程度にまでそれが実現したかを問うのが評価なのであるから、教育活動を通じて本来その達成ないし実現を図っていく価値があるかどうかによって、その点を評価すべきかどうかが決まってくるのである。そして、ある点について評価すべきであるということになって初めて、それを評価するために最も客観的で厳密な方法は何かが問われ、工夫されるという順序になるのである。

2 「関心・態度」はなぜ大切なのか

つまり、「関心・態度」の評価について、まず問われるべきは、それが教育的に見て重要であるかどうか、ということになる。いったい、面倒な思いをしてまで「関心・態度」の評価をしなければならないほどの教育的重要性が、どこにあるのであろうか。

「関心・態度」が重要であるという第一の理由は、具体的な知識や理解、技能を次々と身につけていくということ以上に、「関心・態度」という概念に象徴される主体的で総合的な「構え」の形成が学校教育を通じて追求されなくてはならない、ということであろう。いくら知識や理解、技能を数多くもっていようと、それを使いこなしていくべき一人ひとりの「構え」に問題があるなら、どうにもならない。ものの感じ方やとらえ方、対象との関わり方、そしてそれらを支えるべき意欲や価値観がきちんと形成されていないなら、身につけた知識や理解、技能もまずい形で使われたり、使われないままさびついていったりするのである。だからこそ、「関心・態度」は教育目標のうちで重要な部分を占めることになるのである。したがって、学期末とか学年末あるいは卒業の時点などに、こういった面が本当に伸びているかどうかについて実態を把握し、吟味してみなくてはならないのである。

もう一つの理由は、知識や理解、技能といった狭い意味での学力を伸ばすためにも、「関心・態度」という概念に象徴される情意的基盤が不可欠である、ということである。つまらないことだと思っていたり嫌っていたりしたのでは、わかるようになろうとか、できるようになろうとか、といった気持ちになるものではない。いやいや形だけ学習しているのでは、何も身につかないのは当然である。したがって、知識や理解、技能について指導する場合には、同時にそれに関連した「関心・態度」を喚起し形成するための手だてを工夫しなくてはならない。この意味で、知識や理解、技能を教育目標とする場合には、関連した「関心・態度」もまた教育目標として明確化されていなくてはならない、ということになるであろう。つまり、知識や理解、技能についての目標達成度を吟味し、次の指導の手だてを考えていこうとする場合には、どうしても関連した「関心・態度」についての目標達成度を同時に吟味してみなくてはならないということになるのである。

3 「関心・態度」の目標をどう明確化するか

さて、以上のように考えてみた場合、「関心・態度」の目標として、具体的にどういった点が考えられるのであろうか。

たとえば、「関心・態度」ということで、その教科・領域に対する好き嫌いが取りあげられていることも多い。たとえば、「理科が好きになった」ということであるなら、理科の「関心・態度」が向上した、と考えるわけである。もちろん、こういった好き嫌いも、「関心・態度」の一部分ではある。しかし、必ずしもこれをもって、その教科の「関心・態度」の本質的部分が把握されたとすることはできない。

理科で「自然に対する関心・態度」という場合、これは理科の授業が好きになるというだけのことではない。ある教科の授業が好きになるかどうかは、何よりもまず、担当の教師の人柄や熱意、そして学習者とその教師との間に教育的関係が成立しているかどうか、ということにかかっている。あらためて言うまでもなく、「自然に対する関心・態度」は、それとはまったく別のものである。もっとも授業の雰囲気や教師との関係によってそれが形成されていくという面のあることを否定するものではないが、形成されるべき「関心・態度」は、教師の在り方とは本来無関係のもののはずである。「自然に対する関心・態度」とは、たとえば、自然の事物や事象に対して積極的な関心をもち、繊細かつ豊かな感性をもって自然に接し、そこでのさまざまな現れや動きに好奇心や問題意識をもち、自分なりに探求し解明しようとして対象にのめりこんでいく、ということでなくてはならないであろう。同様のことは、どの教科・領域についても言い得ることである。

さて、そういった意味での「関心・態度」の目標を明確化していくためには、まず単元（教材・題材）ごとに検討を行い、それを積み上げていって学期末、学年末の段階での目標や到達基準をはっきりさせる、というのがよいであろう。もちろん、学期末、学年末の目標や基準は、さらに小学校六年間、中学校三年間、高等学校三年間、といった体系的な教育の積み上げを見通して、吟味され調整されなければならない。そしてまた、それを大枠として、単元ごとの目標の見直しをしてみることが必要であろう。

4　目標分析の枠組みをどう考えるか

単元レベルあるいは学期・学年レベルで目標の明確化をはかっていく場合、目標分析表の利用が有効であることは、あらためて言うまでもない。つまり、どういう領域での（あるいは、何に対する）「関心・態度」なのかということと、どういった水準での「関心・態度」なのか、ということとの両面から目標を吟味し、明確化しようというわけである。このために、対象領域をいくつかのカテゴリーに分け、また機能水準をいくつかのカテゴリーに分けた二次元マトリックスの形で、目標分析表が準備されることになる。

対象領域については、単元の分析表なら、その教材・題材の内容的区切り（小単元）がカテゴリーとなる。また学期や学年の分析表なら、その学年を通して扱われる教材や題材の系統や分野がカテゴリーとなる。

大変なのは水準の設定である。これにはいろいろな考え方が可能であるが、ブルームたちの「教育目標のタキソノミー：情意的領域」を援用するなら、次のような水準の区分ができることになる。

(1)受け入れ（意識化）　(2)反応（興味・関心）　(3)価値づけ
(4)組織化　(5)個性化

もちろん、これは非常にシステマティックに構成された水準分けであり、入念な考察に基づくものであって、十分に参考とすべき考え方である。しかし、実際に目標分析に適用してみると、われわれの感覚にもうひとつしっくりと落ち着かない点がある。ブルーム自身も指摘するように、情意的な領域の目標のとらえ方は、認知的領域の場合と違って、その国の文化・社会によって大きく影響されるからである。

この意味で最近われわれが考えてみているのが、仏典に示されている「開」「示」「悟」「入」という形での内面化プロセスの切り方である。もちろん、これは認知的領域にも精神運動的領域にもかかわるものであるが、情意的領域に関しては特に示唆される点が多いように思われる。ここではこの点について詳しく述べることはしないが、先の章に掲げた表1、表2を参照してみていただきたい。

5　実態の把握と評価基準の設定

単元ごとの、また学期や学年の目標がはっきりしたなら、その目標に照らして一人ひとりの学習者の実態を把握しなくてはならない。そして、そういった状態ではたして教育成果として十分であるかどうかを判断しなくてはならない。そのための手順と方法の概略を、まず学期末、学年末の評価の場合について述べてみることにしよう。

情意的領域における評価規準の設定のために、われわれは五年ほど前から、シンプトム（徴候、現れ、きざし）を挙げてみるという方法を提唱し、いくつかの学校で実践研究が進められている。この基本的な考え方は、次のようなものである。

まず各学年（学期）末の時点で、各教科・領域における「関心・態度」の目標が実現したとするなら、どういう具体的特徴が子どもの態度や行動、発言や作文内容、等々に示されるであろうかを想定して書き出す。そして、それを整理し、一〇箇くらいにまとめて「プラスの徴候群」として設定する。同時に、目標が実現しなかったとしたらどのような困った特徴が子どもに見られるであろうかを想定し、同様に一〇箇程度にまとめて「マイナスの徴候群」として設定する。その上で、「関心・態度」の評価を全体として「プラス」とする場合には、「プラスの徴候群」で該当するものが何箇以上、「マイナスの徴候群」で該当するものが何箇以下、全体として「マイナス」とする場合には……、といった基準を設けるわけである。

このような形でシンプトム（徴候）群が具体的になれば、それに沿った実態把握の方法を考えるということになる。主要なものとしては、次のようなものがあるであろう。

(1) 学年（学期）末の時期における授業中の態度、行動、発言などのチェック項目を準備して観察、記録する。

(2) 学年（学期）末の段階で、ノートやワークシートなどの記入内容をチェックする。

(3) 学年（学期）末の段階で、その期間における学習を全体的に反省させる作文や小レポートを書かせ、その記述内容から問題とする特徴の有無を見てとる。

(4) プラスの徴候群、マイナスの徴候群を質問紙の形に構成し、子ども自身に自己評価させる。

もちろん、これらの方法はどれか一つだけでよしとされるものではない。教師の立場からできる限り各種の資料を収集し、総合的に判断するよう努めなくてはならないのである。

以上は、学期末、学年末における評価の場合についてであるが、単元レベルでの評価の場合も、基本的にはこれを簡略化しておこなえばよいのである。

ここに大略を述べてきた「関心・態度」の評価の在り方は、当然のことながら、単に評価それ自体のためになされるべきではない。評価が土台となって子どもの次の学習や成長が図られていく、という面が不可欠であることを、ここでもう一度強調しておきたいと思う。

8章

到達度テストとその生かし方

8

1　到達度テストとは何か

到達度テストとは、クライテリオン・レファレンスト、ということである。クライテリオン、つまり到達基準を具体的な目標や水準の形で表現しておき、そういった目標や水準が実際に達成されているかどうかを測定しようというテストである。

これは従来のテストと、作り方の点でも使い方の点でも大きく異なる。テスト用紙だけを見ると別に何の違いもないようであるが、項目の作成手順も、よいテストにするための検討視点も、結果の表示の仕方も、そして結果の受け取り方、生かし方も、まったく異なっている。

たとえば、従来のテストでは、一〇〇点満点で平均が五〇点付近にあり、平均点のあたりに多くの人が位置していて、ごく若干の優秀な人が九〇点から一〇〇点を、そしてごく若干のできない人が一〇点とか〇点とかをとるということが、暗黙の前提となっていた。言い換えればそういう得点分布となるようなテストを作ろうとして、さまざまの工夫や努力がなされてきたのである。

たとえば、難しい問題ばかりのテストだと平均点が五〇点までいかなくて、二〇点とか三〇点とかいうことになる。逆に易しい問題ばかりのテストだと、平均点が七〇点とか八〇点とかいうことになる。そういうことではまずいので、主として次の二つの方法を使って、平均点が五〇点付近になり、得点が〇点近くから一〇〇点近くまできれいに正規分布するようにされてきたのである。

一つは得点の標準化というやり方である。テストをともかくもやってみて、その得点の平均と標準偏差（あるいは分散）を算出し、それに基づいて一人ひとりの得点を変換して、理想的な正規分布の形に近づけようというわけである。つまり素点の平均が八〇点のテストでも、あるいは三〇点しかないテストでも、平均点は必ず五〇点になるようにし、その平均からどの程度上であるか下であるかによって、一人ひとりの得点をあらわすように変えていけばよい、という考え方である。偏差値であらわすというのも、こういった得点の標準化という方法の一例である。

もう一つのやり方は、テスト項目そのものをあらかじめよく吟味しておいて、それぞれの項目得点を加算した総合得点が、うまく平均点五〇点前後になり、しかも全体として正規分布するようにもっていこう、というものである。ここで大事なのは、各項目の通過率

（正答率）と各項目の相関関係である。つまり、予備調査をして、各項目の通過率を調べ、難しすぎる項目は易しくし、また易しすぎる項目は難しくなるよう手直しして、それぞれ五〇パーセント前後の通過率を持つ項目ばかりにしようとするのである。また項目相互の相関係数を求め、不適切な項目はこの段階で除外することになる。

さて、従来の標準学力テスト等の場合には、これら二つのやり方を併用し、それによって一人ひとりの学力が最もよく弁別されるテストにしようという努力がなされてきた。また、教師が作成するテストの場合でも、このようなテストのあり方が暗黙のうちにモデルになっていたことは否定できない事実である。

さて、以上に述べてきた従来のテストのような考え方を、集団標準（ノーム）に準拠した測定という。これは結局、一つの次元に沿って、個人差を最も敏感に区別するという点ですぐれたものである。競争試験、選抜試験に適したテストなのである。

これに対して到達度テストの場合には、平均点がどこにこようが、得点分布がどのようなものになろうが、何の問題にもならない。指導力のある教師が教え、子どもの方も一生懸命に頑張った、という時には、多くの人がほとんどの問題で正解となるであろうし、逆に、教師もダメ、子どももダメ、という時には、多くがほとんどの問題を解けないまま、ということになるのである。

要は、どうしても身につけなくてはならないはずのことを、一人ひとりが実際に身につけているかどうかということなのである。別の面から言えば、期待される学力のうち本当に大事なポイントと言うべき点が、一人ひとりに実現しているかどうかということなのである。したがって、到達度テストは資格試験といった発想の場合に最も有効となるものである。

このような到達度テストが出現し、拡がってきた背景に「学校ではすべての子どもに一定の基礎学力を必ず保障すべきだ」というアカウンタビリティの思想、学力保障の思想があるのは言うまでもない。子どもが身につけた学力の具体的内容を問わないまま、どの子が優れているか、劣っているか、ばかりを問題とするなら、到達度テストなど必要でない。そうではなく、教師が願ったこと、ねらったことが本当に子どもに実現しているかどうか、長期間にわたる学習の積み上げをしていく上で、今ここで身につけておくべきポイントが本当に身についているかどうかを、どうしても確かめておきたいというのが、到達度テストを必要とする理由なのである。もちろん、どうしてもそれを確かめなくてはということは、不十分な点、未達成な点を明らかにして、次の段階での指導や学習の中でそれを解決していくということを意味している。

この点から言えば、到達度テストというものは、教師の姿勢、学校の姿勢の転換に裏付けられた時に初めて出現するものなのである。決められた授業時数をともかくもこなせばよい、その学年の教科書を一年かかってともかくもあげればよい、といった姿勢からは、到達度テストの必要性が出てくることはないのである。

2　どう活用するか

到達度テストは、教育の成果をその目標との関係で測定するための手法である。別の言い方をするならば、これは一人ひとりの学力の内容を具体的な形で表現するものである。しかしいったい、なぜこういった測定法、表現法でなくてはならないのであろうか。いったいどういうメリットがあるとして、こういう方法が提唱され、用いられているのであろうか。主要な点を簡単に見ておくことにしよう。

第一は、到達度テストを実施すると、何が本当にわかっているか、できているかをつかむことができるから、そういった意味での学力実態を土台として、次の指導の手だてを考えることができるという点でのメリットである。

一人ひとりの子どもについて、どこがまだわかっていない、できていない……ということがつかめれば、それに応じた適切な補充指導を行うことも可能になる。

また、クラスの全体を見たとき、多くの子どもが、今の段階でここまではわかっている、できるようになっている……ということがつかめれば、次の段階で着実な授業展開をするためには、どこをどう配慮すべきか、という点がはっきりしてくるであろう。

このように、次の段階で個別的な指導展開を考えるとしても、クラス全体に対する授業を考えるとしても、到達度テストでとらえられた学力の実態が、大事な手がかりを与えてくれることになるのである。

第二は、到達度テストの結果が教師自身の願いやねらいと、どの程度、あるいはどの点で、大きく食い違っていたか……ということを吟味することによって、教師自身の指導についての反省が可能になり、改善・改革の方策を考えるための土台ができる……という点でのメリットである。

教育という仕事は、どうしても独善に陥りやすい。自分ではこれだけのことを教え、わからせたと思っていても、本当に子どもたちがそれだけのことを学び、わかっているわけではない……といったことがよくある。また、豊かな人間性を育てた「つもり」、自己学習能力が身についた「はず」といった類の主観性のみで満足していることも少なくはない。

しかし、教師が本当の意味で自らの指導の成果をふり返ってみるためには、到達度テスト等を用いて、自らの願いやねらいの実現の度合いを、できるだけ客観的な形でチェックしてみなくてはならないのである。自らの指導のあり方を改善・改革していくためにも、このような実態把握が不可欠といってよいであろう。

第三は、到達度テストの結果を学習者の方で吟味し検討してみることによって、自らの学力の強い点、弱い点を認識し、次の学習をどうすればよいかを考えることができる……という点でのメリットである。

学習者も適切な時期に自らの状態をチェックして自己評価し、それに基づいて次の段階での学習の課題や方策を考えてみなくてはならない。このためには、当面の目標との関係で、何がどこまでわかり、できているかがはっきりする到達度テストは、大きな有効性を持っている。

特にこういった到達度テストを実施した後で、教師が各問題ごとに解説を加え、それに基づいて学習者が自分のテスト結果を自己採点するといった方法が望ましい。そして、どの問題ができていない時には、どういった学習課題に取り組んでいけばよいかを、あらかじめ示しておいて、学習者に自分自身で課題を選択させ、取り組ませるといったところにまでもっていくべきであろう。

第四は、到達度テストの実施によって、実証的な基盤に立ったカリキュラム評価ができるという点でのメリットである。

教師の教え方が違っても、学校や地域が違っても、多くの子どもが共通してこの点がわかっていない、できていないのだとすると、それはカリキュラムの組み方の方に、その原因を求めなくてはならなくなる。

つまり、あることをもっと十分に学習させておいた上で、この学習課題に取り組ませたなら、もっとこの点がよくわかるはずなのにとか、これこれのことを、こういう方向から学習させた上で、この学習課題に取り組ませるようになっているから、学習者の理解にこういった混乱が生じているのだとか、そもそもこういった段階の子どもに、この学習課題と取り組ませるのは無理ではないか……といった形で、カリキュラム構成の問題点が明らかになってくるのである。

到達度テストを用いて、こういったカリキュラム評価を行うためには、できるだけ多様な学校から子どもを選んで、テストを実施する必要があると同時に、テスト結果の処理の仕方についても、項目ごとに正誤の判定をするだけでなく、誤りの内容を類型化して示すといった、誤答分析が重要な意味をもつ。

この項目ができないというのは、具体的にこういう型の誤りなのであり、それは他の項目でのこういう誤りと結びついている……といったことが、明らかになるならば、カリキュラム構成の再吟味に際して、大きな手がかりとなるであろう。

もちろん、こういう誤答分析をやってみるということは、これまでに挙げた三種類の到達度テスト活用法の何れについても、大切な意義を持つ望ましいものである。

3　形成的なはたらきを

先に述べてきたところからもわかるように、到達度テストは、次の学習、次の指導、次のカリキュラム編成、につながっていくところに特色を持っている。そのテストでともかくも点数を出して、それを土台に成績をつけて、それで終わりにする、ということであるなら、別に到達度テストを使うまでもない。もちろん、そういう場合に到達度テストを使って悪いということではないが、そういった使い方をしている限り、このテストの持つメリットがほとんど生きてこないのである。

行き止まりの評価ではなく、そこからまた何かが始まっていくような評価が形成的評価であった。評価することによって実態をとらえ、それをバネとして次の学習を、指導を、そしてカリキュラム編成を、より一層有効適切なものにしていく、という評価が形成的評価であった。そうすると、到達度テストは、形成的評価のための道具としての条件を、もののの見事に備えていると言ってよいのである。

もう今では周知のことであろうが、形成的評価という概念は、シカゴ大学のスクリバンが初めて用い、同じシカゴ大学のブルームによって広められたものである。ただし、スクリバンの場合には、新しいカリキュラムを研究開発していく途上で、中間的な評価をしつつ試行を進める、といった評価のあり方を意味していた。これに対しブルームの場合には、学習指導の途上で、成績づけと関わりなく、学習の進み具合いや中間的な成果を評価し、それによって補充指導、補充学習を考える、といった評価のあり方を意味していた。

具体的なあり方は大きく異なるとはいえ、いずれも最終的な評価、まとめの評価ではない、という点で同じである。途中で実態や成果を暫定的にとらえ、全体としての成果ができるだけ大きなものとなるよう、それに基づいて考え、手を打つ、という点で共通である。これが結局、形成的な評価ということの核心なのである。

ここで、簡単に基本的な考え方をまとめておくことにしよう。

(1)　ひとまとまりの学習や指導やカリキュラム編成等について考えてみると、事前的評価、形成的評価、総括的評価という三種の評価が可能である。これはそれぞれ、出発の段階での評価、進行している途中での評価、終結の段階での評価ということである。

(2)　これまでは、学校教育の中で学習成果についての総括的評価が一人歩きする傾向があった。だからこそ、評価といえばすぐに格付けを連想する、といった事態にもなっていたのである。学習を有効適切なものにしていく、といった目的だけのためにも、もっと事前的評価や形成的評価が考えられなくてはならないはずである。

(3) しかし、もっと考えていくと、ひとまとまりということをどの範囲で考えていくかによって、何が途中であり、終結であるか、ということが変わってくる。一時間の授業の終わりは単元の途中であり、単元の終わりは学期・学年の途中であり、学期・学年の終わりは一つの学校段階の途中であり、一つの学校段階の終わり、つまり卒業は、長い学校生活の中での、もっと言えば生涯教育、生涯学習の中での途中である。こう考えると、どの段階での評価も、何らかの意味ですべて「途中での評価」ということにもなってくる。

(4) そうすると、あらゆる評価が形成的評価となり得る、ということになる。問題は、今ここでの評価が、これまでの経過を踏まえ、今後につながっていくものである、ということが十分に意識され、また評価結果がそういうものとして十分に生かされていくかどうかということなのである。つまり暫定的で中間的な実態把握として評価結果をとらえ、それを基に足らざる点を補い、次の課題との取り組み方を明らかにするものであるなら、その評価は形成的なものなのである。

(5) 学習指導について言えば、①授業の中での実態把握をどのようにして形成的に生かしていくか、②単元の中でどういう評価をどこで行い、どう生かしていくか、③学期末、学年末の評価を次の学期、学年に向けてどう形成的に生かしていくか、といった課題となる。これはそれぞれ、授業レベル、単元レベル、学期・学年レベルでの形成的評価を追求する、ということである。

(6)　このように考えてくるならば、形成的評価とは結局、評価の「はたらき」に関わる概念であることが明らかになる。こういう方法や形態のテストや成績づけなら無条件に形成的評価となる、といったものではない。「かたち」の問題ではないのである。

さて、到達度テストが形成的評価の道具としてのメリットを持つ、ということは、ここで述べてきたような文脈の中で考えられなければならない。到達度テストを使えば、それがそのまま形成的評価になるというものではない。到達度テストの持つ本来的なメリットを十分に生かすようこれを活用するならば、形成的なはたらきを、有効かつ適切にはたしてくれるものとなるであろう、ということなのである。次に、その一つの例を、具体的に見てみることにしよう。

4　単元の形成的テスト

到達度テストが形成的評価の道具としてクローズアップされたのは、ブルームによる「形成的テスト」の提唱によってである。

これは、それぞれの学習ユニット（教科書での一つの章、一～二週間で扱われる教材のまとまり）ごとに目標を明確化し、それぞれの目標ごとにテスト項目を準備した小さなテストである。これをそのユニットの指導がひとまず完了したところで実施し、その結果に応じて学習到達状況を診断し、必要な補充指導をしていこうというわけである。

たとえば一〇時間扱いのユニットなら、目標を精選し、授業の過程を合理化して、八時間程度で一応すべてを指導してしまうことにする。そして九時間目にまずこの形成的テストを実施し、その回答について教師が説明してやり、隣の学習者と回答用紙を交換して採点し合ったり、あるいは自分の回答について自己採点したり、といった形で、どの項目（＝目標）では大丈夫だがどの項目では駄目、ということを明らかにする。

このような目標到達の状況に基づいて、九時間目の残りと、一〇時間目のほとんどを使って、また家庭での宿題という形も併用して、補充指導、補充学習をすることになる。これは、一人ひとりの学習者ごとに、未到達な目標それぞれについての補充学習課題を与えたり、全体的な目標到達パターン（どこができ、どこができていないのかのパターン）から見てとった学習上の弱点について、強化・克服するための学習課題を与えたりするというものである。

また、どの学習者にも共通して何らかの弱点があらわれている場合には、その学級の全体に対して一斉共通の補充指導を行うと同時に、教師自らが指導上の問題点が何であったかを考え、次の機会に同様のことが生じないよう改善策を考えることも必要になる。

このような考え方で補充指導、補充学習をした上で、最後の一〇時間目の終わりの一〇分か一五分でユニット全体のまとめをすることになる。全体的なまとめの時間がもっと多くとれる場合には、学習者を小集団に分け、そこで話し合いをし、その学習ユニットで得たものを、相互に確認し合うといったやり方も提唱されている。

このようないき方を、ブルーム等はマスタリー・ラーニング（完全習得学習）と呼んで、アメリカ各地で推進しようとしてきた。朝日新聞は、数年前に（東京版では一九八〇年四月五日付夕刊）次のように紹介している。

「落ちこぼれは米国でも頭の痛い問題。最近、この生徒たちの学力を引き上げる新たな教育法が開発され、爆発的に普及しはじめた。名付けて『マスター学習法』。『頭の悪い子はいない。ただ理解が遅いだけ』という信念に裏付けられ、先生と生徒の信頼関係も回復して、現場の先生からは『方法は平凡でも結果は革命的』といった賛美の声が寄せられている。……

この一、二年、ニューヨーク、シカゴ、デンバーなどの大都市で急速に広がり、シカゴでは、すでに全公立校の先生の四分の一が採用、来年中には全生徒の三分の二がこの方法で勉強するというところまできた。……」

このような形成的テストは、先の章でも述べたように、学習者にとって次の四点で大きな効果を持つであろうと期待されている。

一つはこのテストの結果を手がかりとして、学習活動を調整するという点である。どこができてどこがまだできていないか自分で確認してみれば、その学習ユニットの目標をすべてマスターするために、あとどのくらい時間と努力が必要であるかがわかる。これをもとに、学習者は、このユニットは一応できたとして手を抜いたり、最後の頑張りをしなくては、と努力を傾注したりするといった形で自らの学習活動をコントロールすることが期待されるのである。

第二は、学習したことを外部の基準によって確認されることで、学習の「強化」が生じるという点である。学習心理学では、結果に対して報酬が与えられると、その結果をもたらした学習のプロセスが強化されるとする。ここでは、形成的テストで当面の目標（たとえ一部であっても）がすでに達成されていることが確認されると、その点で満足感が生じ、それが心理的な報酬となって、同様の学習との取り組みが積極化するだろうと期待されるのである。

第三は、この形成的テストによって、学習上の問題点が自己診断できるという点である。たとえばテスト結果から自分の間違った項目を相互に関連づけてみるならば、自分が結局何につまずいているのか、どういった基礎的知識や能力が不足しているのか、具体的な形で考えてみることが可能になる。これによって、自分が今後どういう学習をしていかなくてはならないか、といった方向づけがはっきりしてくることも期待されるのである。

もう一つ、第四に、これによって自分のこれまでの学習を補充し矯正するための処方箋を得ることができるという点が強調される。これは、言うまでもなく、先の自己診断の効果と密接に関連している。教師の側で、もしこういう形の得点パターンであったなら、あるいはもしこの項目で間違ってしまったのなら、これこれのことをやってみなさいといった指示を入念に準備しておくならば、学習上の問題点の診断が具体的な補充や矯正の処方箋につながってくると期待されるのである。

5　目標の分析・明確化

到達度テストを作成する場合、その土台となるのは到達目標（クライテリオン）の明確化である。到達度テストとは、もともとこういった到達目標のそれぞれが達成されているかどうか、を測るためのテストなのである。

したがって問題作成の前提として、○○についてテストするとか、教科書の何ページから何ページまでの範囲で出題するといった内容や領域をはっきりさせるだけでは駄目である。その内容や領域で、いったい何が具体的に達成されなくてはならないのか、いったいどういう形でそれができるようになっていないといけないのか、ということがはっきりしていないといけない。さらに、その内容や領域の目標群の中で、ペーパーテストの形での到達度テストになじむのはどの部分の目標であって、他の目標については、どういう方法でいつ測定するのかということも、あらかじめ考えておかなくてはならない。

つまり、たとえばひとつの単元について到達度テストを作成しようとするならば、次のような手順が、目標を分析し明確化するために、まずもって必要とされるのである。

表4　理科「植物のからだのつくりとはたらき」単元（小5）の目標分析マトリックスの例

	知識・理解	応　用	実験・観察の技術	科学的思考	関心・態度
根のつくりとはたらき					
水の通り道					
水のゆくえ					

(1)　その単元を構成する主要な内容的要素を三〜五個程度にまとめ、縦軸のカテゴリーとする。そして横軸には知識・理解、応用、総合的な力（科学的思考力、数学的な考え方、社会的認識の力、など）、技能、関心・態度等といった能力や行動のあり方に関わるカテゴリーを置いて、二次元のマトリックスを準備する。（表4参照）。

(2)　マトリックスのセル（ます）ごとに、重要だと考えられる目標を洗い出してみる。

(3)　目標群全体の中で中核的な意味を持つ目標を一〜三個程度はっきりさせ、それと関係の薄い目標、周辺的な意味しか持たぬ目標は除外する。また内容的に重複しているものや関連の深いものは、合わせて一つの目標とするか、どちらか一方の目標で代表させる。このようにして目標を精選し、数を少なくする。

(4)　知識、理解、応用のカテゴリーに入る目標について、また他のカテゴリーの目標でも、一部の可能な目標について、ペーパーテストの形で到達度テストを実施することとし、それぞれの目標ごとに問題形式を決定する。またこれと同時に他の目標については、いつ、どういう方法で、その到達度を見るかをはっきりさせる。

以上のような形で目標の分析と明確化を行い、到達度テストを作成するのであるが、このような手続きは、大規模な学力調査をおこなう場合でも、基本的には同じである。

到達度テストの方法論を用いて行われた大規模な学力調査としては、IEA（教育到達度国際研究協会）が行った一連の国際比較調査が有名である。また文部省が、昭和五六年、五七年度に小学校で、五七、五八年度に中学校で実施し、その結果の分析、検討を発表した全国学力テスト（教育課程実施状況に関する総合的調査研究の一環としての学習達成状況調査）もこの方法論に立っている。

したがって、IEAの調査でも文部省の調査でも、まず目標の分析と明確化を行い、それを踏まえた上で問題の作成を行っているのである。

たとえば、日本を含む一九カ国が参加し、四五年に一〇歳児（小五）と一四歳児（中三）を対象に行われた第一回の国際理科調査でも、まず入念な目標分析が行われている。

主要な内容的要素については、地学、生物学、物理学、化学のそれぞれの領域ごとに検討され、計五三のカテゴリーにまとめられている。そしてそれと組み合わされるべき能力や行動のあり方に関わるカテゴリーとしては、知識（機能的情報）、理解、応用、高次過程（分析、総合、評価）の四つに分けられ、このほかに、実験の能力を見るための三つの小カテゴリーが設けられている。態度・興味等に関しては、ペーパーテストと別に、質問紙が作成され実施された。

文部省の全国学力テストの場合には、各教科について対象学年の目標および内容をまず分析し、評価の対象となる目標を観点別に分類、整理してリストアップする、という作業がなされた。この場合、分類の基本カテゴリーとなるべき観点には、指導要録の観点別学習状況評価における観点が用いられた。たとえば社会科なら、知識・理解、観察・資料活用の能力、社会的思考・判断、社会的事象に対する関心・態度の四つである。

そして、各教科ごとにまずペーパーテストになじむ観点を定め、さらにそれぞれの内容項目を設定し、その内容項目を最も適切に代表するような問題を作成する手順がとられている。

ちなみに、ペーパーテストになじまない観点や教科についても学習達成状況を明らかに

表5　観点と評価法—理科の場合（文部省資料）

観　点	評　価　法
知識・理解	ペーパーテスト
観察・実験の技能	○操作行動面…行動観察（チェックリスト） 作成物等 ○知的側面…ペーパーテスト
科学的な思考	ペーパーテスト
自然に対する関心態度	○教師による観察（チェックリスト等） 質問紙、レポート等 ○生徒の自己評価

するため、この総合調査では、各教科五校ずつの調査研究協力校が指定された。小学校で計四〇校、中学校で計四五校であり、ペーパーテストの結果と合わせて、総合的に学力の実態を検討しようというわけである。

ところで、目標分析をまず行った上で問題作成をするということの一つの意義は、ペーパーテストで測られた到達度の意味するところを、その限界を、はっきりさせるという点にある。何度か述べてきたように、目標の性格によって、つまりどの観点に属するかによって、用いるべき評価方法は異なってくるのである。

参考のために、文部省がこの調査研究協力校に示した資料から、理科の場合の例を、表5として紹介しておくことにしよう。

6 テスト問題の様式

知識・理解や応用については、また技能や高次の総合的な力（科学的思考力、数学的考え方など）の一部については、ペーパーテストでの測定が可能だとされる。しかし何の考えも工夫もなく、ただそれらしいテスト問題を作ればよいというわけではない。知識なら知識なりの測定条件を備えたテスト問題を作らなければならない。理解でも応用でも、また技能でも科学的思考力でも、それを測定するのに必要な条件というものがあるのである。

ブルームがまとめ役になって仕上げた教育目標の分類体系（タキソノミー）では、能力や行動の主要カテゴリーごとに、そういった測定条件を厳しく定めている。

たとえば「知識」とは、心理学の用語を用いて操作的に定義するなら、記憶である。したがって、再認あるいは再生といった形で一つの知識の有無を見ればよいということになる。

そうすると、客観テスト方式の問題が「知識」というカテゴリーに属する目標の達成度を見るのに最適であるということになる。多肢選択法や正誤法、組み合わせ法は、いずれも再認を見るものであるし、ブランク法（短答記入法）や漢字書き取り、単純な計算問題などは、再生をみるものだからである。

「理解」とは、操作的に言えば、まず第一に変換の力である。つまり、同じ意味内容を損なうことなく、別の言い方、別の表現法にうつしかえることができる力である。もう少し高次になれば「理解」は、解釈の力として考えられる。これは単なる変換でなく、内的な関連を自分なりに見てとるという力である。もっと高次になれば「理解」ということは、外挿の力として考えられる。これは与えられた内容を越えて、そこから生じるであろう結果を推測したり、時間的空間に先の先まで予測してみたりすることのできる力である。

このように「理解」が変換、解釈、外挿としてとらえられるならば、これを測定するのに通常の客観テスト方式の問題では困難がある。よほどの工夫が必要とされる。

ブルーム等が示す例では次のようなものがある。

ある都市で、一日のどの時刻に最も交通事故が多いか、三時間ごとに事故数および死亡事故数をプロットしたグラフが示される。そして「死亡事故数は深夜に最大である」とか「このグラフは、人々が運転にもっと注意しなければならないことを示すために発表され

表6　回答分析チャート（Smith & Tyler, 1942）

		学習者の回答				
		T	PT	NS	PF	F
模範回答	T	A	C	C	CE	CE
	PT	BD	A	C	CE	CE
	NS	BD	BD	A	BD	BD
	PF	CE	CE	C	A	BD
	F	CE	CE	C	C	A

た」といった一五の命題が示され、それぞれについて次のいずれであるか、判断を解答用紙に記入することが求められる。

T　それは真である

PT　おそらく真である

NS　真偽を判断するには与えられた事実が不十分である

PF　おそらく偽である

F　それは偽である

この五つの反応は、単に正答か誤答かといった形で採点されるのではない。タイラー等が行った有名な八年研究で考案された表6のような分析チャートに従って、生徒の反応様式が分析されるのである。

ここでAは「適切に回答」ということであり、Cは「慎重な回答」、CEは「本来の誤答」、BDは解釈のしすぎ、つまり「データを越えた回答」である。

さて「応用」とは、特定の具体的場面における抽象的概念の活用である。もっと厳密には、学習者にとって未知の新しい要素を含んだ問題や場面に、既習の原理や一般化を適用し、問題解決をはかれる力である。

このような力には、当然ながら、非常に単純なレベルのものから、複雑で高次のレベルのものまである。ブルーム等は、次のような八種の行動のいずれかを含むのが、応用する能力ということであるとする。

A　新しい問題事態を処理するのに、どの原理や一般化が適切であり関係があるかを決定できる。

B　どの原理や一般化が問題解決に必要であるかを決めるために、問題を言い換えることができる。

C　ある原理や一般化が真であり適切であるための限界を明確化できる。

D　ある一般化に対して、例外とその理由を認識できる。

E　既知の原理や一般化によって、新しい現象を説明できる。

F　新しい場面で何が生じるかを適切な原理や一般化の利用によって予測できる。

G　新しい場面における行動方針や意志決定を、適切な原理や一般化の利用によって、決定し正当化できる。

Ｈ　ある問題事態で何故その原理や一般化を用いるかという理由を述べることができる。

この行動リストをよく見てみると「理解」と重なる部分がきわめて大きいという印象を受ける。何らかの原理や一般化を、先に述べた意味において理解する、つまり原理や一般化について変換、解釈、外挿できる力を持つということになれば、これら八種の行動の大部分は、そこに含まれるのではないかと考えられるのである。「応用」独自の力にかかわっているのは、ＥとＧ、せいぜいこれに加えてＦというところであろうか。

いずれにせよ、こういった「応用」能力を測定するためには「理解」の場合と同様の、あるいはそれ以上の配慮をもって、問題作成をしなくてはならない。安易に多肢選択式の問題を出しても、仕方がないのである。

7　高次の能力を測る

さて、それでは分析・総合や評価（判断）といった高次の認知的諸能力を、どうテストすればよいのであろうか。

科学的思考力とか数学的考え方、社会的認識の力などと呼ばれているものも、これら高次の諸能力が一体になったものと言ってよい。また、創造性とか創造的能力と呼ばれてきたものも、その内実は分析・総合と評価（判断）の力であると言っても、過言ではないであろう。

したがって、各教科での学習成果を把握し、評価する際、これら諸能力はきわめて大きな位置を占めるはずのものである。もっと言えば、各教科の学習を通じて育成していくべき学力の中核に位置するものが、その教科なりの分析・総合や評価（判断）の力なのである。

ところが、こういった高次の諸能力についてテストするのはきわめて困難である。

一つには、こういった諸能力を発揮させ、その特質を把握しようとする場合、通常のテスト状況のように、よく統制され、ごく少数の手がかりのみが共通に与えられるという条件の下では無理である。分析・総合も評価（判断）も、その人のもつ個性的諸能力が総動員され、その人の周囲に存在する手がかりのすべてが活用されるといった形でのみ、発揮される能力なのである。したがって、テストするにしても、どういう条件の下でどういう課題に取り組ませるかが大きな問題となるのである。

もう一つ、こういった諸能力を発揮してなしとげられた結果に関しては、明確な形で一義的に定まる「正解」というものは存在しない。これでなくてはいけないとか、これがベストといった結果を想定することは不可能なのである。したがってどういう評価基準によってテスト結果を見ていくかということが、厄介な問題となるのである。

そうすると、分析・総合や評価（判断）といった高次の諸能力についてテストするための方法が持つべき基本的な諸条件を、次のように考えておくことができるであろう。

(1) 一義的に正解が定まるといった形の問題でなく、追求の仕方によって、多様な解答が個性的な形で提出されるといった形の問題でなくてはならない。多肢選択式の問題など、この意味からは論外である。

(2) 問題と取り組む時間や場所が狭く限定されてはならない。ある程度の時間枠と場所の指定は仕方がないとしても、一時間以内にこの教室内で、自分の席から離れず解答を出すといったやり方は不適切なのである。

(3)　問題と取り組む上での手がかりとなるものが、できるだけ豊富にあることが望ましい。ノートや参考書を参照することも許されるべきであるし、図書館や資料室などの利用も許されるべきである。

(4)　問題そのものが、学習者にとって自我関与性の強いもの、自分なりに取り組んでいく必然性の感じられるものであることが望ましい。自分なりにその意義がわかり、重要なものであると感じていないなら、個性的な諸能力を動員して積極的に取り組むということにはならないからである。

このように考えてくると、結局、従来から用いられてきた小論文式のテスト、レポートの提出を求める方法、あるいはペーパーテストの一環として、問題に自由記述の形で解答させるという方法が望ましいということになる。ブルームらは「分析」や「総合」や「評価」の能力を見るためのテスト問題として、数多くの多肢選択式の問題例を出しているが、これらはここでの基準に照らしてみたとき、いずれも不適切と言わねばならない。結局のところ、それらは「理解」か「応用」の問題にしかなっていないのである。

さて、こういった自由記述式の解答については、一義的に定まる正解はないにせよ、それぞれの解答の水準を判断するための観点や基準が準備されていなくてはならない。全体的な印象でもってレポートや小論文等を評価すると、目のつけ所や判断基準が評価者それぞれによって異なるため、同じ解答でも誰が採点するかで大きく点数が異なることになる。だからこそ、どういう点を問題とすべきか、どういう特徴が見られればどの程度のものと判断すべきか、といった観点や基準を、あらかじめ明確な形で準備しておかねばどうにもならないのである。

そういった観点として、少なくとも次の諸点だけは必ず入れておかなくてはならない。

(1) 見方や考え方、論理の独自性。教師に教わったことや参考書等の記述そのままでなく、その人独自の、個性的な見方や考え方、論理が記述の中に見られるか。

(2) 記述の一貫性、論理性。考え方の筋道や論理的展開が記述の中に着実な形でうかがえるか。

(3) 記述の説得力と実証性。多くの人に納得してもらえるような書き方であるか、また記述の論理を支えるために実例や資料等を用いてあるか。

(4) 明確な課題意識と将来に向けての追求の発展性。そこで取り組んだことを土台に、その後においても何かと追求していこうという姿勢が見られるか。

もちろん、こういった土台的観点だけですむわけではない。そこでの課題に即した具体的観点がこれにつけ加えられることになる。

たとえば「○○と××を十分に区別して考えているか」「○○に影響を与える諸要因について、△△の方向からも▽▽の方向からも考えているか」「○○と××をきちんと考慮した上で判断を下しているか」等々である

こういった観点が設定されたならば、観点ごとに評価基準が定められなくてはならない。たとえば、独自性が「高（2）」であるとは、これこれの特徴が見られること、また、これこれの特徴が現れていないこと、「中（1）」であるとは……、「低（0）」であるとは……、といった具合にである。各観点について評価段階ごとの主要シンプトム（徴候）を設定することと言ってもよい。

さて、それでは最終的な評点はどう算出したらよいのであろうか。これは各観点ごとの評点を単純に合算するのでは駄目である。あらかじめ到達目標となる観点別の評点パターンと、全評点の中での比重（独自性は中以上で全体の何割の比重を置き、論理性は中以上で何割の比重、実証性は……）を定めておき、それとの関係で最終的な評点を定めるべき

であろう。

また評価者も一人だけでなく、二人あるいは三人が別々に最終評点を出してその平均をとる、といった方法が考えられるとよい。

8　高次能力のテスト問題

先にも述べたように、分析・総合とか評価（判断）といった高次の知的能力を見ようとする場合、どうしても論文体テストや記述式テストの形をとらざるをえない。しかし、ごく単純に「○○について調べてまとめてみよ」とか「○○について述べよ」というだけでは駄目である。測定したい力をテスト課題に即して発揮させ、その論述内容から能力の実態を組織的に把握し評価するためには、あらかじめそれなりの工夫と準備が必要とされるのである。

まず第一に必要なのは、課題をできるだけ明確化すると同時に、何が評価されるのかを前もって明らかにしておくことである。この目的のためにはまず、課題に留意事項をいくつか付け加えて提示するという方法を用いることができる。

問題例1（出典A）

〈指示〉わが国における私有財産制について、特にその制限されるべき面に関するあなたの考えを述べよ。その際、次の諸点に留意すること。

(1)　支持あるいは批判する所有様式の道徳的基盤や社会的効果についても論じること。何かについて自分の所有であると主張するための最終的な権利は何か、その権利はどのように確認され保護され制限されるか、そのようないき方が社会に与える影響は何かなど。

(2)　あなた自身の経験や観察、読書などから得た例を少なくとも一つ挙げ、あなたの理論的立場を例証すること。そのような例としては、たとえば、家族内における私有財産、公立学校と私立学校、生活共同組合、銀行や鉱山の国有化、国鉄の民営化、など。

(3)　述べられた意見の内容によって、採点が影響されることはない。解答は、誰が書いたか分からぬよう氏名欄を切り取った上で、三名の教師によって独立に採点され、その合計点をもって得点とされる。

◇

何が問われ、評価されるかをもう一歩明確化するためには、課題の提示内容自体の構造化が工夫されることになる。このために、部分的には選択肢も用いられるが、多肢選択方式ですべて処理されてしまうというところまでいくと、行きすぎであろう。

問題例2（出典A）

未知の放射線が北極地方で発見された。しかし、熱心な研究にもかかわらず、他のどこの地域でもこれは発見されていない。この放射線にさらされると、塩はかなりの程度に帯電し、塩素のにおいが周囲にただよう。水に同様の処置を加えると強力な電気を帯び、すっぱくなるが、他の変化は観察されない。

〈仮説〉

1　この放射線は、外部空間で発生する。
2　この放射線は、高速度のナトリウム・イオンの流れである。
3　この放射線は、紫外線より周波数の高い横波運動を含む。
4　この放射線は、縦波（圧縮波）運動を含む。
5　この放射線は、高速度の陽子の流れである。
6　この放射線は、質量も荷電も持たない分子の流れである。

〈指示Ⅰ〉仮説のそれぞれを、次のいずれかに分類せよ。

A　おそらく正しく、実験的検証が可能である。
B　おそらく正しいが、実験的検証は困難である。
C　支持できない。

〈指示Ⅱ〉Aとした仮説については、それを検証するための実験を企画して述べよ。また、

Bあるいは Cとした仮説については、なぜそう判断したのか、その理由を述べよ。

◇

見ようとする能力を構造的に把握するため、課題の内容を逐次的に構成していく、という方法も有効である。関連した問いを順々に提示していくことによって、問われている内容を焦点化し、その点での能力がどうであるかをはっきりと、把握することが可能になるのである。

問題3（出典B）

ある日、正雄と花子が浜辺を散歩しているとき、正雄は灰白色の石を見つけた。「ほら、石灰石を見つけたよ」。その石を手にとって正雄は言った。「これは去年、この浜で見つけた石灰石にとてもよく似ているから、絶対に石灰石だよ」。

〈指示Ⅰ〉正雄の後半の言葉は、彼が石灰石の性質についてどういう考えを持っていることを示しているのでしょうか。簡単に述べてください。

……………

さて、花子は、せっかちな友を笑った。「私はそうは思わない。あなたが去年ここで見つけた石灰石によく似ているということだけで、この石を石灰石と考えてはいけない」。

〈指示Ⅱ〉　花子の主張を支持する理由としてどういう点が考えられるでしょう。簡単に述べてください。

…………

正雄は腹を立てて、「この石が石灰石だということを証明してみせるぞ」と言って、石を家に持ち帰った。そしてその一片をビーカーの中に入れ、酸を注いだところ、ブクブクと泡が立った。「ほら、これで石灰石だということがはっきりしたろう」、と正雄は叫んだ。しかし花子はそれに同意しなかった。

〈指示Ⅲ〉　花子がここで同意しなかったのは、どういう合理的な理由によるものでしょうか。簡単に述べてみてください。

…………

そこで正雄は、その石の一片を炉の中で数時間熱した。そして熱したあとに残った物質を水に溶かした。その溶液に管をさしこんで息を吹きこんだところ、液はにごった。「やった、このテストで石灰石だということは実証されたぞ」と正雄は叫んだ。しかし、再び花子は、正雄がまだ何かを忘れていることを指摘した。

〈指示Ⅳ〉　花子の指摘したかったのはどういうことでしょう。ここまでの実験では、その石が石灰石であることがまだ十分には実証されない、という合理的な理由を、簡単に述べてください。

◇

ここに見てきた課題様式については、ここで見た三つの例を基本としながらもさまざまのバリエーションを工夫することができる。焦点を絞りすぎると、結局は知識や理解を単純な形で見るだけに終わるという危険性を十分に頭に置きつつ課題設定の構造化を試みなければならないのである。

(注)

ここでの問題例は次のＡＢの文献に紹介されているものに、筆者が手を加え修正したものである。Ａ＝ブルームほか『教育評価法ハンドブック』／Ｂ＝ブルームほか『学習評価ハンドブック（下）』／いずれも第一法規刊。

9　ペーパーテストの限界を乗り越える試み

紙と鉛筆を用いたテストは、どんなに工夫しようと、やはり大きな限界を持つ。そこでこれまで、さまざまな形でこれを乗り越える試みがなされてきた。

まず第一は、実技テストである。これは従来からよく用いられてきたものであり、一定の明確な指示あるいは課題を与えて何かを実行させ、そのできばえを判断しようとするものである。体育科で何かの運動をやらせてみるとか、音楽科で歌わせてみるとか、英語科でスピーチをさせてみるとかいったテストが、その典型である。

この実技テストでは、知識や理解でなく、実際に何かをなす力（教科によっては、運動能力とか遂行能力と呼ばれることもある）が吟味され、評価される。自動車の運転方法について知識を持っており、説明できる、というだけでは駄目であって、実際に立派に運転できるのでなくては仕方がない。こういった場合には、実技テストを用いることが不可欠である。

一般に、最近の子どもたちが小賢しく見える、というのは、知識としては多くのことを知っているが実際にはほとんど何もやれない、といった面があるからであろう。優等生と呼ばれてきた人の場合には、成人してからでも、この傾向が強く見られる。

実際に何かがきちんとできるかどうか、を見ようとする時、それをペーパーテストでやろうとするのは、きわめて安易な発想である。理科の実験技能をテストしようとするときなど、その安易な例が多く見られるのではないだろうか、もちろんこの場合には、実際にやらせてみるといった実技テストが望ましいわけである。

実技テストをきちんとした形でやり難い事情がある場合には、さまざまな形でのシミュレーションテストが考えられてよい。これは、さまざまな方法を用いて模擬的な課題状況を設定し、その状況の中で反応させてみる、というものである。実際の課題状況をどの被験者にも共通に設定するのが困難であったり、経費が高くついたりするとか、あるいは被験者の反応次第で困ったことや危険なことがおこる、といった場合に用いられるテスト法である。これは、学校教育以外の分野では、各種の操縦技能の仕上り状態を見る場合などに用いられている。

こういったシミュレーションテストの場合、視聴覚的な方法によって課題状況が提示され、被験者の反応次第で提示内容が変化していって、自然な状況での実技テストにできるだけ似た形で被験者の技能等が把握されるよう工夫されなければならない。しかし学校教育の分野では、このようなテストの開発と利用は、今後に残された課題と言ってよいであろう。

シミュレーションテストのように反応次第で状況提示の内容が変化していくというものではないが、できるだけ自然に近い形で課題状況を提示して反応を見ていこうというものに、状況テストがある。これは、ペーパーテストとシミュレーションテストの中間にあるものと言ってよい。

できるだけ自然な形で多様な手がかりを提示し、実質的な判断能力を見るとか、具体的状況を提示して目のつけどころや関心・態度のあり方を見るといった場合に、こういった状況テストは有効である。英語のヒアリングのテストなども、こういったやり方が有効であろう。

もう少し具体的に、この状況テストのあり方を述べておくことにしよう。たとえば理科での判断力を見ようとする場合、化学的な実験の過程を写したビデオを用いてテストすることができる。つまり、実験の過程を最初から見せていって、あるところでストップし、次に何をどうすればよいかを理由と共に問うて、答案用紙に書かせ、皆が書き終わったらストップを解除して次の過程を写し出し、また途中でストップして次に何をどうすべきかを問い……といったやり方などが考えられるのである。

あるいは、社会科で現実の社会状況を観察し、整理する力を見ようとする場合、地域の工場での情景を写したビデオを用いてテストすることができる。つまり、たとえば工場の各セクションで働く人々を次々に見せ、それぞれのセクションごとに何に気づいたか、それは工場全体の機能の中でどういう意味を持つものであるか、を書かせてみてもよいであろう。

こういった状況テストの開発と利用についても、今のところこれからの課題と言わねばならない。しかしビデオを初めとする視聴覚機器がほとんどの学校に普及した今日、テストの新しい可能性を開くための試みを、学校教育においてももっと真剣におこなうべきではないだろうか。

10　「正解」の設定法をめぐって

テストのための項目や問題のあり方を工夫するだけでは十分でない。学習者が取り組んだ結果をどう判断するかという点がはっきりしていなければ、テストにはならない。つまり、一つの項目や問題に対する多様な解答のうち、どれを是とし、どれを非とするか、という判断の次元と基準が定まっていなくては、得点化が、つまり測定ができないのである。

解答を得点化するに際して最も簡単なやり方は、正解を一つだけ定め、他の解答は皆間違いとする方法である。多くのテストがこの方法をとっているため、正解はいつでも一つといった誤ったイメージが拡がっているほどである。これが学校教育をむしばんでいる「汎正解幻想」にもつながっていくのである。

いずれにせよ、正解が一つだけ明確な形で定まるというのは、正誤法（○×法）や組み合わせ法、記号記入式ブランク法、多肢選択法などの場合に多い。こういった形のテスト問題は、解答の原型なり候補なりを、あらかじめ準備しておいて、選択判断を求めるという点で共通している。

しかしこういったやり方は、当然のことながら、正解が本来ただ一つしか存在しなくて、しかもその表現の仕方もほぼ一通りしかない、といった場合にのみ妥当する。それ以外の場合には、○であるか×であるか判断できなかったり（正誤法）、何通りかの組み合わせが考えられたり（組み合わせ法）、自分はこれだと思う解答が、準備された解答群や選択肢の中になかったり（記号記入式ブランク法・多肢選択法）することになる。正解が必ずしも一義的に定まるわけではないのに、こういった問題型式を用いるならば、そこで出てきた得点も多義的で信用できないものになる。

もう一つ、解答の原型あるいは候補をあらかじめ準備しておくということからくる弊害も、こういった問題型式の場合に無視できない。正解を知っていなくても、あるいは問題解決の結果正解にたどりつかなくても、解答群を全体として検討し、消去法と推理とを用いることによって、正解とされたものを「当てる」ことができる。もちろん、当てずっぽうで正解にたまたま「当たる」といった可能性もないわけではない。

さて、このように考えてくると、準備された解答を選択判断するという問題型式を、安易にいつでも用いるということは非常に危険だということになる。少なくとも、その問題に関して、本来、正解が一義的に定まるものなのかどうか、見ようとする力がなくとも正解を当てたり、正解に当たったりすることのないような工夫がなされているのかどうか十分に検討されていなくてはならない。

それでは、正解にある程度の拡がりが予想される場合どういう問題型式を用いたらよいのであろうか。

その第一は、記号記入式ブランク法や多肢選択法を用いるとして、あらかじめ準備した解答の原型ないし候補の中に、複数の正解や準正解を準備しておくというやり方である。これは、考え方の筋道の違いによっていくつかの正解が想定されるとか、正解は一つであっても複数の表現の仕方が可能であるとか、あるいは、最も望ましい解答としては一つが想定されるとしても、間違いと言い切れない他の解答も可能である、といった場合に用いられる。

しかし、正解が一点ではなく複数の点として定まるという場合には、この第一の方法でよいとしても、正解がある拡がりを持つ領域として定まるという場合には、この方法は適切でない。やはり何らかの形で被験者に記入させ、それをあらかじめ設定した解答類型に基づいて分類し、得点化するという方法がとられなければならない。自由記述や短答法である。

こういったやり方は、文部省が昭和五六年度から行った小・中学校の達成度調査（全国学力テスト）でも、一部に採用されている。たとえば算数のように、従来はただ一つの正解を準備するのが普通であったのが、資料1に示したような形で、複数の正解、準正解の類型が準備されている。

このように、被験者に解答を書かせた上で、それをあらかじめ設定した解答類型に基づいて分類し、得点化するという方法を用いるならば、与えられた選択肢群からの消去法や推理で、あるいは当てずっぽうによって、正解を「当てる」といったこともなくなる。この点も重要な意味を持つ。

従来はコンピュータにそのまま読みとらせるということばかりを考えて、大規模なテストでは、第一の方法のみでやるのが普通であったが、第二の方法の採用に踏み切らなくては、適切な形での学力把握は無理な場合が多いことを認識すべきである。

大学入学者選抜の共通一次試験の場合も、まず国語科の出題あたりから、この意味で抜本的な再検討が必要とされるであろう。

資料1　正解・準正解を複数設定した例

問題　（文部省が昭和56年度実施した小学校算数達成度調査：算数第５学年Ｂの問題例）

新幹線で、東京駅から名古屋駅までは342kmあります。この間を、ひかり号は２時間で走りました。

(1)　このひかり号の時速は、どれだけですか。答えを［　　］の中に書きなさい。［　　　　km］

(2)　このひかり号が(1)の速さで3.5時間走ると、何km進むことになりますか。式と答えを、それぞれ［　　］の中に書きなさい。

式［　　　　　　　　］

答［　　　　km］

解答類型および反応率（◎は正解、○は準正解）

(1)　◎１、171（72.8%）　２、上記以外の解答（22.3%）

３、無答（5.0%）

(2)　式　◎１、171×3.5または342÷２×3.5（57.6%）

◎２、〔上の(1)の２の数〕×3.5（5.2%）

○３、3.5×171または3.5×〔上の(1)の２の数〕(3.2%)

４、上記以外の立式（25.4%）

５、無答（8.6%）

答　◎１、598.5（54.3%）

◎２、599または598または600（0.4%）

３、上記以外の解答（35.6%）

４、無答（9.8%）

11　テスト結果から何を検討するか

到達度テストの結果から、いったい何を見てとればよいのであろうか。

従来のテストであれば、一人ひとりの得点を出し、順位をつけ、クラスや学年の平均点を算出すればそれでよかった。きちんとやろうとする場合には、さらに、各自の得点をパーセンタイル得点や偏差値に変換して、全体の中での相対的位置がよくわかるようにした。

しかし到達度テストの場合には、そういうことはしない。もちろん、何個の問題のうち何個ができていたという意味での得点は出すこともあるが、それはほんの目安でしかない。一〇個の問題のうち七個までができていたって、五個しかできなかった人より、必ず学力が上だとは言い切れないのである。要は、どれができてどれができなかったのかということである。

ということで、まずやるべきなのは、一人ひとりについて目標到達パターンを確認することである。たとえば、図7のように、その領域や単元の目標分析表を人数分だけコピーしておいて、一人ひとりごとに印をつける。

図7　到達度テストの個人別表示例

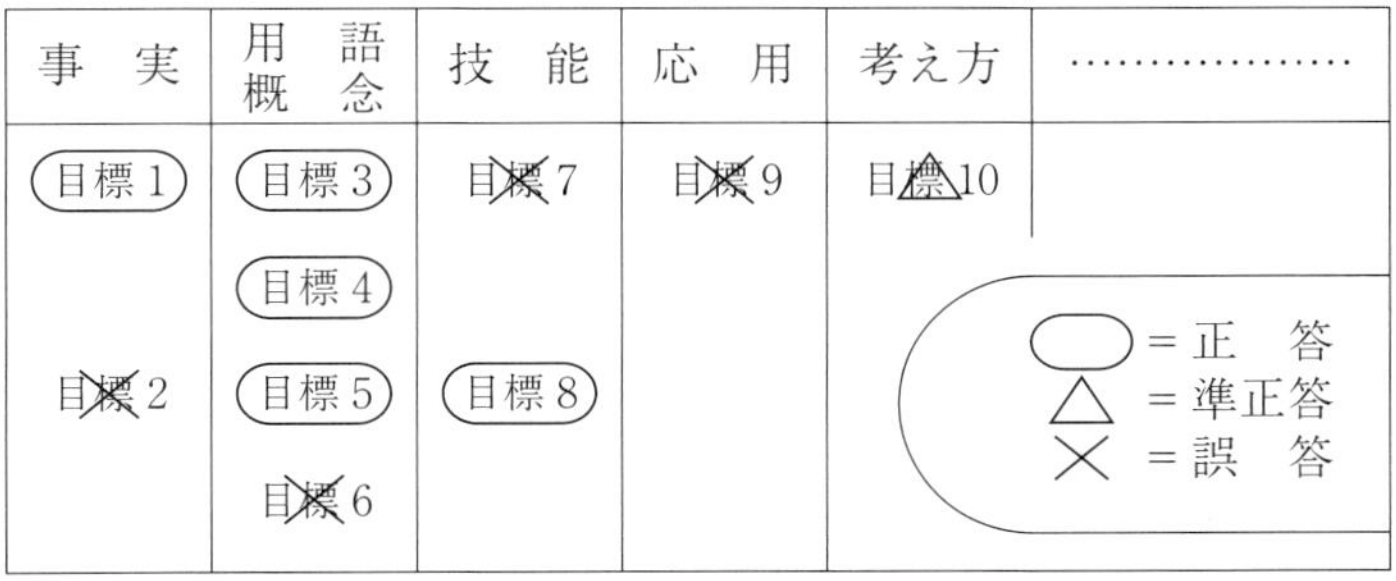

これによって、どれができて、どれができなかったかが一目瞭然となる。しかしそれだけでなく、この「応用」ができなかったのは、この「技能」が、この「用語・概念」が、この「事実」が、十分には学習されていないためではないだろうかと、学力欠陥の内容を、推測してみることも可能になる。そこから、この学習者にとってどういう補充指導が、補充学習が必要であるかという見通しも立ってくるのである。

次にやるべきことは、問題ごとの回答類型の確認である。選択肢がある場合は選択肢ごとに、あるいは回答類型ごとに、クラス全体、また学年全体の反応率を出す。そして無答の場合を含め、どういう回答が多いか、正答はその中でどういう位置を占めるか、誤答の主要なものは何かを見てとる。ここから、正答の比率の低い問題に関しては、指導し直すことが考えられることになる。

また誤答の出方を入念に検討してみることによって、そのクラス、学年で、多くの子どもは一体何につまずき、何を誤解しているのか、何がよくわからないままになっているのか等を見てとることができるわけである。これによって教師は、自らの指導の不十分不適切だったところを認識することができるであろう。また、子どもの考えの進め方の特徴、落ち込みやすい誤解等について認識を深めることができる。こういった検討によって、次からの指導をより適切なものにしていくことができる。

次にやってみるとよいのは各問題への正答、誤答が相互にどのような関係にあるのかの検討である。

ここで最初に試みるのは、スケイログラム的分析である。正答は1、誤答は0として作成したデータ表を基に、正答率の高い項目は上へ、低い方を下へと並べかえ、また正答数の高い被験者は右へ、低い被験者は左へと並べかえる。そうすると、図8に示すようなスケイログラムを得ることができる。ここからいろいろのことを見てとることができるが、到達度テストは項目群全体としての一次元性を問うものではないから、再現性すなわち尺度化可能性は、ここで問題にしなくてよい。

スケイログラムを土台として目標到達の階層性を問題にする場合、POSA的分析ができる。これはスケイログラムから部分的順序性を引き出す手法である。図8に基づいて作成したものを図9に示しておくことにしよう。ここでは被験者が少ないため詳しい検討はできないが、ここから目標⑨が重要な意味をもつこと、これは目標⑫とは別系統であること等を見てとることができるのではないだろうか。

しかし、スケイログラムにしてもPOSAにしても、テスト項目それぞれの通過率（正答率）に直接的に依存してしまうという難点がある。問題の作り方によって通過率が大きく左右されるのは周知の通りであり、その意味では、こういった形で示される目標到達パターンには限界があると言えるかもしれない。

図8　単元「てこと輪軸」の形成的テキスト（授業後）結果に基づくスケイログラム

目標	項目＼児童	1	2	3	4	5	6	7	8	9	10	11	12	13	14〜16	17〜18	19〜26	27〜36	正答数
⑤	問2	○	○	○	○	○	○	○	○	○	○	○	○	○	○	○	○	○	36
②	問4	×	×	○	○	○	○	○	○	○	○	○	○	○	○	○	○	○	34
④	問7	×	×	×	○	○	○	○	○	○	○	○	○	○	○	○	○	○	33
⑦	問3B	×	○	○	×	○	×	○	○	○	○	○	○	○	○	○	○	○	33
⑥	問3A	×	×	○	×	○	×	○	○	○	○	○	○	○	○	○	○	○	32
③	問6	×	×	○	○	○	○	×	○	×	○	○	○	○	○	○	○	○	32
⑪	問12	×	×	×	×	×	○	○	○	○	×	○	○	○	○	○	○	○	30
⑩	問8	×	×	×	×	×	○	×	○	×	○	○	○	○	○	○	○	○	29
①	問1	×	×	×	×	○	○	○	×	○	○	×	×	○	○	○	○	○	29
⑫	問13	×	×	×	×	×	×	○	○	○	○	○	○	○	×	○	○	○	27
⑧	問9・10・11	×	×	×	○	×	○	×	×	○	×	×	○	×	○	×	○	○	25
⑨	問5	×	×	×	○	×	○	○	×	○	○	○	×	×	○	○	×	○	21
人数		1	1	1	1	1	1	1	1	1	1	1	1	1	3	2	8	10	

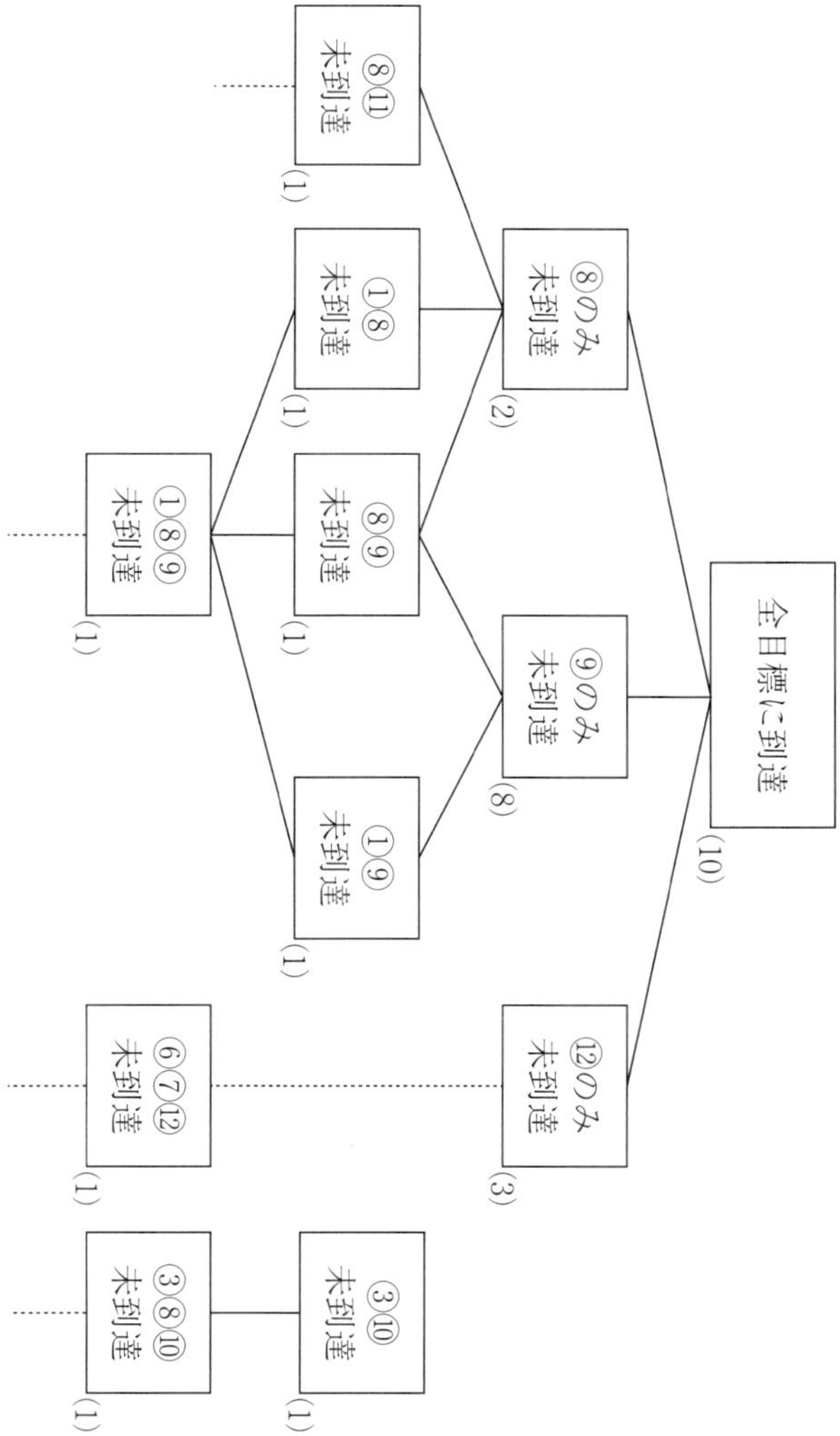

図9　POSA（partial order scalogram analysis）的分析による階層関係図

12　階層分析

到達度テストの結果を構造的に理解しようとする場合、階層分析の論理と手法を用いることができる。これはもともとガニエが「分数の加算ができる」といった目標行動が、どういう下位目標群の構造によって支えられているか分析するために用いて有名になったものである。これは各項目の通過率（正答率）とは関わりのない分析法なので、前回に述べたような問題を免れることができる。

ここでの基本的な考え方は「項目ａについて正答を得た時に初めて項目ｂについても正答を得る可能性が生じる（項目ａの正答集合の中に項目ｂの正答集合が含まれる）」という関係が存在するかどうか、それぞれの項目間の組み合わせごとに検討してみるというものである。実際の手続きとしては、この逆に「項目ａについて正答でない場合には、必ず、項目ｂも正答でない」という関係が存在するかどうか、項目の組み合わせごとに検討してみればよい。

小学校の理科単元「てこと輪軸」について、一クラスに到達度テストを実施した結果を階層分析した例を図10として揚げておく。ただし点線で示したのは、完全な形ではないが（一ケースのみ異なる）ほぼこの関係がみられるというものである。

この図を見てみると、前回に紹介したスケイログラムやＰＯＳＡの場合とは異なり、目標到達の階層性が、教材そのものの内的構造から見て妥当な形で出ていると言えよう。つまり、高次なものと考えられる目標は、この構造でも上位に位置づいており、基礎的な内容のものは下位に位置づいている。これを大規模なデータで試みる場合には、次のような手順をとる。

(1)　全問題の通過率を検討し、九五％以上の問題は除く。この分析法は二つの問題の誤答の重なりに注目して関連性を明らかにするわけであるから、誤答そのものがほとんどない場合には分析が不可能である。

(2)　残った問題同士の全ての組み合わせについて、Ｂで誤答した者のうち何％がＡでも誤答しているかを算出する。同一の問題同士でも、当然ながら二つの値が出てくることになる。

(3)　先に算出した値が九〇％（あるいは九五％）以上ある時、Ａ→Ｂの関係があると推定する。本当はこの値が一〇〇％でなくてはならないが、一〇％（五％）までは偶発的な

図10　階層分析の結果に基づく図示例

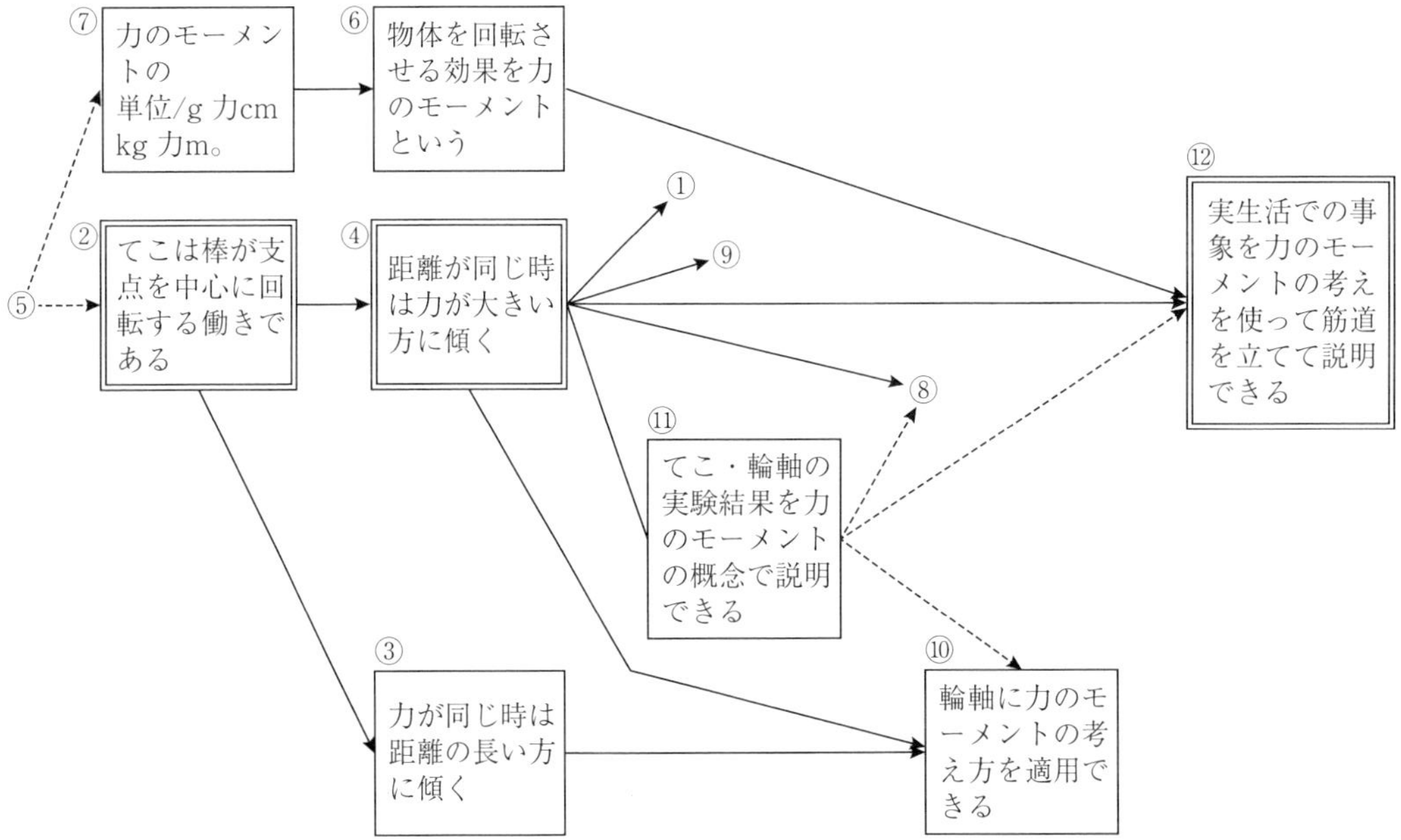

誤差の範囲内と考える。

(4)　A↓BとB↓Cの関係がある時にはA↓B↓Cと表示するといった形で整理していくと、全問題の中で、矢印が一本ないし数本出るが、一本も入ってこない問題が明らかになる。これを基礎的な問題と呼ぶ。また、一本ないし数本の矢印が入り、二本以上の矢印が出ていく問題は、節になる問題と呼ぶ。出ていく矢印の数によって、大きな節と小さな節とを区別する場合もある。

以上のような分析は、同じ学校の同一学年の児童生徒を対象とする場合のように、教育条件がそろった集団の場合に特にうまくいく。学校が異なるような場合には、九〇％の基準で階層的関連をとるとしても、ほとんどこの基準に達するものがないという場合もある。その場合にはこの基準を下げて、大まかな関連性の推測だけで我慢しなくてはならない。

神戸市立教育研究所が昭和五四年から市内の小・中学生を対象に「数と式」に関する広い領域について行った調査の際には、筆者の指導の下に、この基準を七〇％まで引き下げて階層的関連性の検討を行っている。この資料は大規模な調査結果に基づく階層分析例として、貴重なものである。関心のある方は、この資料を参照してみていただきたい。

9章

「色」と「空」と形成的評価と
――結語に代えて

9

評価や指導のあり方を考え、工夫し、実施する中で、具体的な生身の人間としての子どもを見失ってしまっている例が少なくない。

教育の営みの中で、人間を見失っていては、どうにもならない。子ども一人ひとりの姿から出発し、その姿のはらむ可能性に願いを託し、当面実現していくべきねらいを定めて指導を進め、その願いやねらいがどういう形で実現してきているかを評価して次の指導に生かしていく、というのが形成的評価であり、評価と指導の一体化であったはずである。子どもをどういう存在として見るべきか、そのような存在に対する体系的な働きかけとしての教育をどうとらえるべきか、という基本的人間観、教育観が確立していなくては、このようなプロセスはうまく回転していくものではない。特に評価ということは、これを欠くなら、すぐに単なる技法や手順の問題へと矮小化《わいしょう》され、それによる点数や評点の絶対化、一般化がもたらされてしまう。

こういった意味で、最近、筆者は仏教思想に強く魅かれている。学生時代から二〇年余りの間、折に触れて本を読んだり、専門の方に話を聞いたり、あるいは座ってみたり、経典を読誦《どくしょう》してみたりしてはきた。しかし近頃になってはじめて、その中で感じたこと、考えたことが、教育指導や教育評価を支えるべき人間観と深くつながっていることに気づいたのである。たしかに遅まきながらの気づきではある。ではあるが、まことにありがたいことだと思う。

たとえば、その一つとして、「色即是空、空即是色」という有名な言葉を考えてみることにしよう。これは般若心経に見えるものであるが、仏教に関係のない人にも広く知られている対句である。

形が定まって変わらないもの、これはこうであるとはっきり言い切れるもの、そういったものとしての実体など、結局はどこにも存在しない。そういう実体が存在するとして、それにこだわり、しがみついているのは、幻を追っかけているようなものだ。これがこの対句の前半、「色即是空」ということであろう。

これに対し後半の「空即是色」では、逆方向から強い歯止めをかける。すべてが結局はその場限りで流れ去ってしまうもの、はかなく頼りないもの、であるとしても、今ここでこういうふうに存在しているという事実自体は否定できないではないか。もっと言えば、私の目の前に今こういう一定の形と意味づけをもって現れているという事実自体を、十分に尊重し大切にしないといけないのではないか。単なる現象にすぎないとしても、私にとってほかならぬこのような現象として今存在する、ということの事実自体を、軽視したり無視したりすることはできないのだ。

このことは、目の前にある現れを大切にするが、それにこだわりすぎることをしない、といった姿勢につながっていく。また、さまざまなことに不変の本質を問うのでなく、その場その場でのはたらきとして見ていく、つまり機能の点から対象を見、機能的な連関という面から現象を見ていく、といった見方にもつながっていくであろう。こういった姿勢、こういった見方は、まさに人間を見ていく場合に不可欠のものである。

ところで、このように考えてくると、形成的評価の基本とは、まさにこの「色即是空、空即是色」ではないか、という気がしてくる。多くの人にとって、あるいはこのことは唐突に聞こえるかもしれない。しかしながら、形成的評価ということを考えれば考えるほど、そう思えてならない。

形成的評価とは、行き止まりの評価、とりまとめの評価でなく、そこから何かが変わっていく、何かが新たに出発する、という評価であった。暫定的な意味で子どもに現れた教育の成果を問題にするものであって、いかなる意味でも確定的な何かを問題にするものではなかった。また、形成的評価は一定の評価手続きや評価技法といったかたちの問題ではなく、指導の成果、学習の成果をどのような形でとらえ、それをどのように活用して指導や学習の有効適切化をはかるか、といったはたらきに関わるものであった。

したがって、形成的評価で子どもの姿を、そこに現れた教育の成果を、大切にし、それを土台に教育を進めていく、ということは、子どもの姿、あるいは教育の成果を、確定したものとしても不定のものとしても考えてはならない、ということを意味している。

評価が「格づけ」や「選別・差別」になってしまうのは、子どもの姿を確定的なものとしてとらえるからである。これに対して子どもの姿をまったく不定のものと考えるならば、評価無用論となり、無評価の思想となる。本当に着実な形で教育を進めていくためには、何らかの形で子どもの姿を、そして教育の成果を把握しなければならない。がしかし、その把握したところにしがみついて、こだわりすぎることは禁物である。

進行中の活動をモニターし、中間的な成果をチェックして子どもの姿をとらえ、それによって次の指導の手を打っていく、ということは確定的なとらえ方でも不定的なとらえ方でも駄目である。子どもの姿を暫定的なものとして、つまり、手の打ち方次第でいかようにも変わっていくもの、また今とらえているところも子どもの姿の全体でも本質でもなく、手を打っていく上での手がかりとなるというだけのもの、として見なくてはならないのである。

子どもの姿そのものも、またそのある面を測定したりした評価したりした結果も、「色」であって「色」でない。「空」であって「空」でない。ある意味では確かなものであるが、それによって結論が出せるものではない。教育的営みに役立つというはたらきをする限りにおいて、子ども自身の学習や成長に役立つはたらきをする限りにおいて、評価ということは本来、意味を持つのである。

「八〇点の子ども」とか「三〇点の子ども」は、どこにもいるわけがない。子どもをそうした目で固定的に見ていくならば、大きなあやまちである。しかし、あるテストでこの子が八〇点をとった、三〇点しかとれなかった、ということは厳然とした事実である。そうした事実そのものを無視したり軽視したりするようでは、教育にならないであろう。「この子がこのテストで三〇点しかとれなかった、それはこの問題とこの問題ができなかったからである、それはこの子がこの面でわかっていない、力がついていない、ということを意味するのではないか」といった形で、その時その場でのその子どもの姿に徹底的にこだわっていくこと、そしてその結果として、その時その場での「三〇点」という事実を一片の反故《ほご》に化してしまうこと、これこそが教育ということではないだろうか。

形成的評価ということは、教育にかかわる側が子どもに対して向けている「まなざし」

それ自体の自己吟味を要求せざるをえない。「色」でもあり「空」でもあるものとして、子どもの姿を見つめ、それにこだわり、かかわっていく、ということの意味を、もう一度ここで強調しておくことにしたい。

あとがき

形成的評価という言葉は、ブルームの評価理論を日本に紹介するに際して、われわれが初めて用いたものである。「formative evaluation」の訳語としてこの言葉を用いたのであるが、当時はなかなか広い同意が得られず、有力な方々から、「構成的評価」その他の言葉を用いた方がいい、といった対案を突きつけられたこともあった。

あの頃からもう一五年。今ではこの言葉自体は、教育界にひろく浸透したようである。まさに今昔の感と言ってもよい。しかし、この形成的評価という概念の含む深い意味合いは、ほとんど省みられなくなっている、という気がしてならない。教育のあり方そのものを根本から変革していくようなインパクトを含む概念だと考えたからこそ、われわれも骨を折って紹介に努めてきたのである。本書をまとめてみたのは、そうした思いからであると言ってよい。

ところで、形成的評価だけにとどまらず、教育評価の理論体系そのものが、ここ二〇年ばかりの間に、欧米でも日本でも一新された感がある。目標分析とか到達度評価が重視されるようになったのもこのためであるし、授業の設計や実施と教育評価とが分かち難く結びつくようになったのも、この一環と言えよう。そして、評価すべきものとすべきでないもの、評価できるものとできないもの、といった区別も大事にされるようになった。本書に述べてきたところも、そうした新しい評価理論の体系を土台に受け止めていただければ、と思う。その意味で、拙著『教育評価』（有斐閣双書）、『新しい教育評価の考え方』（第一法規）、などと併読していただければ幸いである。

本書の内容は、当初、『授業研究』『総合教育技術』『日本教育新聞』などの求めに応じて書かれたものである。お世話になった編集者の方々に、心から感謝したい。また本書をこのような形で世に送り出すことができたのは、明治図書の江部満編集部長、樋口雅子編集長のおかげである。深く謝意を表し、お礼を申し上げたい。

一九八六年二月

北摂箕面の寓居にて　　梶田叡一

【著者紹介】

梶田　叡一（かじた　えいいち）

京都大学文学部哲学科心理学専攻卒。文学博士。国立教育研究所主任研究官・大阪大学教授・京都大学教授・京都ノートルダム女子大学長・兵庫教育大学長などを歴任。その間，中央教育審議会副会長・教育制度分科会長・初等中等教育分科会長・教員養成部会長・教育課程部会長なども務める。

主な著書に『意識としての自己』，『不干斎ハビアンの思想』，『和魂ルネッサンス』，『内面性の人間教育を』，『教師力再興─優れた教師に満ち満ちた学校に』，『人間教育のために』など。

名著復刻　形成的な評価のために

2016年10月初版第1刷刊 ©著　者 梶　田　叡　一

発行者 藤　原　光　政

発行所 明治図書出版株式会社

http://www.meijitosho.co.jp

(企画)矢口郁雄（校正)㈱東図企画

〒114-0023　東京都北区滝野川7-46-1

振替00160-5-151318　電話03(5907)6701

ご注文窓口　電話03(5907)6668

＊検印省略　組版所 藤　原　印　刷　株　式　会　社

Printed in Japan　ISBN978-4-18-157111-5